KB109666

교양 노트

**MAHIRU NO HOSHIZORA**

by YONEHARA Mari

Copyright © 2003 INOUE Yuri

All rights reserved.

Originally published in Japan.

Korean translation rights arranged with INOUE Yuri, Japan

through THE SAKAI AGENCY and BC AGENCY.

교양 노트

요네하라 마리

김석중 옮김

마음산책

교양 노트

1판 1쇄 발행  2010년 11월 10일
1판 8쇄 발행  2015년  3월 20일
문고판 1판 1쇄 발행  2017년 1월 15일
문고판 1판 3쇄 발행  2023년 1월  5일

지은이 | 요네하라 마리
옮긴이 | 김석중
펴낸이 | 정은숙
펴낸곳 | 마음산책

등록 | 2000년 7월 28일(제2000-000237호)
주소 | (우 04043) 서울시 마포구 잔다리로3안길 20
전화 | 대표 362-1452 편집 362-1451    팩스 | 362-1455
홈페이지 | www.maumsan.com
블로그 | blog.naver.com/maumsanchaek
트위터 | twitter.com/maumsanchaek
페이스북 | facebook.com/maumsan
인스타그램 | instagram.com/maumsanchaek
전자우편 | maum@maumsan.com

ISBN 978-89-6090-289-3  03300
     978-89-6090-291-6  (세트)

* 책값은 뒤표지에 있습니다.

낮별은 밤별보다도 밝고 아름다운데,

태양의 빛에 가려져

영원히 하늘에서 그 모습을 확인할 수 없다.

## 객관성의 전제 조건

## 점과 선 너머야말로

## 마부와 택시 운전사

## 경계선에 대한 고찰

## 생각하는 사람

## 자유라는 이름의 부자유

■ 일러두기

1. 이 책은 요네하라 마리가 〈요미우리신문〉 일요판에 연재한 글을 묶은 『真昼の星空』(주오코론신샤, 2003)를 번역한 것이다.

2. 옮긴이 주는 글줄 상단에 맞추어 표기하였다.

3. 외국 인명, 지명, 작품명 및 독음은 외래어 표기법을 따르되 관용적인 표기와 동떨어진 경우 절충해서 실용적 표기에 따랐다.

4. 국내에 소개된 작품명은 번역된 제목을 따랐고, 국내에 소개되지 않은 작품명은 우리말로 옮겼다.

5. 잡지와 신문, 음악, 그림, 공연, 영화, 방송 프로그램 제목은 〈 〉로, 논문이나 기사, 시와 단편 제목은 「 」로, 단행본과 장편 제목은 『 』로 묶었다.

존재하지만 보이지 않는 것

# 존재하지만 보이지 않는 것

이 책의 제목원서명은 『한낮의 별하늘真昼の星空』이다은 소녀 시절의 애독서에서 빌려 온 것이다. 여성 시인 올가 베르골츠가 쓴 자전적 에세이 『낮별』. 이 책과 만난 것은 여름의 숲속 학교에서였다.

그 시절, 나는 부모님의 일 때문에 체코슬로바키아의 수도 프라하에 살게 되어, 모든 수업을 러시아어로 가르치는 8년제 초·중등학교를 다니고 있었다. 여름방학이 석 달이나 되었고, 더 신나는 건 학교에서 숙제를 내지 못하게 되어 있다는 점이었다. 그래서 숲속학교에서는 두 달 동안, 오늘은 보트를 타고 소풍, 내일은 이웃 농장에서 수확 돕기, 모레는 가까운 숲속학교와 친선 축구 시합이라는 식으로 그저 즐겁게 놀고, 땀 흘리고, 모험을 하며 하루하루를 보냈다.

어느 날 밤, 소등 시간이 지나고서도 기숙사 방에서 재잘재잘 수다를 떨고 있는데, 방문이 열리며 생물학을 가르치는 마리아 파블로브나 선생님이 흥분한 모습으로 뛰어 들어왔다. 취침 시간에 안 자고 떠들어서 야단치러 오신 거라고만 생각한 여덟 명의 소녀는 방 안에서 일제히 담요를 뒤집어쓰고 숨을 죽였다.

"괜찮아, 자는 척하지 않아도 돼."

이상하다. 선생님의 목소리가 너무나 상냥하다.

"지금 자고 있을 때가 아니야. 자, 다들 일어나렴."

선생님이 이렇게 말하며 갑자기 불을 켰다. 눈이 몹시 부셨다. 겨우 빛에 익숙해진 눈으로 확인해보니, 선생님은 한 손에 책을 들고 있었다. 서표를 끼워둔 페이지를 천천히 펼치고는 아름다운 알토 목소리를 울리며 낭독을 시작했다.

그것이 『낮별』의 한 구절이었다.

"별은 언제 어느 때에도 하늘에서 사라지지 않는다고, 그 남자는 말했다. 낮별은 밤별보다도 밝고 아름다운데, 태양의 빛에 가려져 영원히 하늘에서 그 모습을 확인할 수 없다. (…) 그날 밤부터였다. '낮별을 보고 싶다!' 하는 강렬한 소망에 사로잡힌 것은."

현실에 존재하는데도, 사람들의 눈에 보이지 않는 것이 있다. 반대로 압도적인 현실로 인식되던 것이 그저 껍데기에 불과한 경우도 있다. 눈에 보이는 현실의 뒤편에 놓인,

틀림없는 또 하나의 현실. '낮별'은 그러한 모든 것들에 대한 비유였다.

숲속학교에서 집으로 돌아온 바로 그날, 어머니께『낮별』이야기를 들려드렸다.

"어머, 일본에도 비슷한 말이 있단다" 하고 어머니가 가르쳐준 '낮등불'이라는 단어를 사전에서 찾아보니, "흐리멍덩하고 아무 쓸모 없는 사람. 멍청이"라고 쓰여 있었다.

'쳇, 엄마는 시 정신이 뭔지도 모르는 바보야.'

마음속으로 어머니를 비난하고 말았다.

그런데 그 후『주신구라忠臣藏』를 알게 되면서 생각을 바꿨다. 어머니의 해석은 딱 맞아떨어지지도 않았지만, 그렇다고 크게 동떨어지지도 않았다. 『주신구라』는 남들의 눈에는 '낮등불'로밖에 비치지 않았던 오이시 구라노스케가 사실은 영웅이었다는 이야기이기 때문이다. 『주신구라』는 17세기 초 아코 번의 낭인들이 주군을 위해 복수한 실제 사건을 작품화한 일본의 고전 명작으로, 대략적인 줄거리는 다음과 같다. 천황의 칙사를 접대하던 아코의 영주 아사노 나가노리는 관료 기라 요시나카가 의전 문제를 트집 잡아 자신을 모욕하자 그에게 칼을 휘둘러 상처를 입혔다. 아사노는 불미스러운 일에 대한 책임을 지고 할복하고, 그의 가문은 해체되었으며, 가신들도 뿔뿔이 흩어졌다. 당시 주군을 대신해 성을 책임지던 최고 가로※※인 오이시 구라노스케는 아코의 무사 47명과 함께 주군의 복수를 맹세하고, 세상의 이목을 피하려 난봉꾼 행세를 하면서 비밀리에 계획을 수립해 실행에 성공한다.

결국 문학 작품의 궁극적인 재미는 현실에서 생각지도

못했던 측면을 깨닫고 상식으로 굳었던 뇌가 짓이겨지는 쾌감에 있다. 지금의 상식으로는 파악할 수 없지만, 엄연히 존재하는 그 현실을 발견하게 되면 시류를 거슬러서라도 전하고 싶어진다. 올가 베르골츠는 『낮별』의 한 구절을 통해 창작자로서의 마음가짐을 토로한 것이다.

"평범한 눈에는 보이지 않는 것이여, 그런 까닭에 마치 존재하지 않는다고 여겨지는 것이여! 나를 통해서, 내 영혼 깊은 곳의 가장 맑은 어둠을 등에 지고, 한껏 빛을 내뿜으며 만인의 눈에 보이는 것이 되어라."

그로부터 30년이 넘게 흐른 지금도, 나에게는 마리아 파블로브나 선생님의 고양된 목소리가 들린다. 그리고 나도 무언가 쓸 때 그렇게 하고 싶다고 마음속 깊이 다짐하게 된다. 낮등불의 면모를 새로이 하고 싶다고 말이다.

# 음주와 종교

서쪽으로 흑해, 동쪽으로는 카스피 해에 끼인 듯이 카프카스의 산들이 이어진다. 온난한 기후와 비옥한 토양의 축복을 받은 이 일대는 역사적으로 민족 이동의 교차점이기도 해서, 오래전부터 문명이 꽃필 수 있었다. 지금도 여러 민족이 복잡하게 뒤얽힌 형태로 거주하고 있다.

여기에 그루지야라는 아름다운 작은 나라가 있고, 카프카스의 진주라고 불리는 수도 트빌리시에는 나도 몇 번인가 가본 적이 있다. 초록 빛깔의 산 곳곳의 골짜기에 쿠라 강이 흐르고, 마을은 쿠라 강을 따라 가늘고 긴 형태를 이루고 있다.

마을 변두리인 쿠라 강변에 산의 급사면이 덮칠 듯한 곳이 있는데, 그 급사면에 들러붙은 듯 자리 잡은 작은 선술집이 있었다. 마을 최고라는 평판 그대로, 가게 안은 언제 가도 만석滿席이었다. 그루지야는 세계 유수의 포도

산지이며, 맛 좋은 와인과 브랜디가 무척 많다. 이 가게는 눈썰미 좋은 주인이 엄선한 와인 산지와 직접 계약한 데다가 요리도 싸고 맛있어서 한 번 왔던 손님은 반드시 단골이 된다고 한다.

나에게도 이 선술집은 트빌리시를 방문하면 반드시 들러야 하는 곳이 되었다. 와인과 요리의 매력도 빼놓을 수 없지만, 내가 이곳에 끌리는 가장 큰 이유는 가게 주인, 웨이터와 웨이트리스, 손님들 사이에 오가는 유쾌한 대화 때문이다. 대화에 감도는 선명한 유머 감각과 독설에 도취되어 그 가게를 들르는 것에 중독되었다.

가게에 들어서면 우선 정면의 벽에 걸린 게시판에 가게 주인이 그루지야어, 러시아어, 영어로 당부를 적은 종이가 보인다.

어서 오십시오. 저희 가게에서는 손님이 신입니다. 손님이 희망하는 것이 곧 법입니다. 그것을 수행하기 위해서 저희 스태프는 모두 밤낮없이 노력하고 있습니다. 예를 들어, 종종 잔에 담뱃재를 털거나 가래를 뱉는 손님이 계시는데 그런 분께는 더욱 그 요구를 받들어 재떨이에 와인을 따라 드리고 있습니다.

이 게시판은 매일 내용이 바뀌기 때문에, 게시판의 글

을 읽는 게 재밌어서 오는 손님도 많다고 한다.

다시 그 선술집에 가서 게시판을 읽고 싶다고 기대하고 있었는데, 1991년 소련 붕괴를 전후해 그루지야 내 크고 작은 민족 간의 분쟁과 야심가들의 권력 투쟁이 얽혀 외국인이 가벼운 마음으로 가기는 어려워졌다.

한 달 전쯤 10년 만에 트빌리시를 방문하게 되었다.<sub>이 글은</sub> <sub>1999년 11월에 쓴 것이다.</sub> 내려선 공항에도, 마을 풍경에도 전화戰火에 할퀸 자국이 생생했고, 사람들의 표정도 험악해진 듯한 느낌이 들었다. 하지만 선술집은 옛날과 변함없이 그 자리에 있었다. 문을 열면 바로 보이는 게시판도 예전 그대로였다. 거기에는 이렇게 쓰여 있었다.

— 음주가 종교보다 바람직한 이유 —

1. 술을 마시지 않았다는 이유만으로 살해당한 사람은 아직
   없다.

2. 다른 술을 마신다는 이유만으로 전쟁이 일어난 경우는
   없다.

3. 판단력이 없는 미성년자에게 음주를 강요하는 것은 법
   으로 금지되어 있다.

4. 마시는 술의 상표를 바꿨다는 이유로 배신자 취급을 당
   하지는 않는다.

5. 술을 마시지 않는다는 이유만으로 화형이나 투석投石형

에 처해진 사람은 없다.

6. 다음 술을 주문하기 위해 2000년이나 기다릴 필요는 없다.

7. 술을 많이 팔기 위해 속임수를 쓰면 법에 따라 확실히 처벌받는다.

8. 술을 실제로 마시고 있다는 것은 간단하게 증명할 수 있다.

이 글을 읽으니 쓴웃음이 나왔다. 이 8개 조항은 요사이 이 지대가 말려든 처참한 민족 분쟁의 대부분이 종교와 관련되어 있음을 명확히 말해주고 있었다.

# 재능의 범위

오늘날 탤런트라는 일본어는 재능의 유무에 상관없이 텔레비전에서 활약하는 예능인 모두를 가리키는 말이 되었지만, 원래는 영어 단어 talent(노력이나 훈련으로 키울 수 있는 재능)의 원뜻이 변해 '재능 있는 사람 → 예능인'이 된 것에서 빌려 온 말이다.

대부분의 영어사전에는 talanton이라는 그리스어가 어원이라고 밝힌다. 이 말은 고대 그리스나 메소포타미아 지역에서 당초 무게를 재는 저울이나 무게의 의미로 쓰였지만(현대 그리스어에 150킬로그램이라는 중량 단위를 표시하는 말로 남아 있다), 언제부터인가 일정한 중량의 화폐를 나타내는 말이 되었고, 이후 화폐 단위가 된다. 또한 성서가 쓰일 무렵에는 헤브라이어와 라틴어에서도 탤런트를 화폐의 단위로 쓰게 되었다고 한다.

하지만 이 말이 '재능'이라는 의미로 변하게 된 데에는 신약성서 「마태복음」에 등장하는 설화가 큰 역할을 한 듯하다. 아는 사람도 많겠지만 혹시 모르니 한번 복습해보자.

어느 부자가 여행을 떠나면서 자기 재산을 세 명의 종에게 맡기기로 했다. 첫 번째 종에게는 5달란트, 두 번째 종에게는 2달란트, 세 번째 종에게는 1달란트의 돈을 맡겼다. 앞의 두 사람은 맡은 돈을 상업에 투자했지만, 세 번째 종은 잃는 것이 두려워 땅속에 묻었다. 부자가 여행에서 돌아오니 5달란트를 맡은 종과 2달란트를 맡은 종은 각자 금액의 두 배인 10달란트, 4달란트로 불려 주인에게 내밀었다. 부자는 무척 기뻐하면서 앞으로는 더 큰 재산의 관리를 맡기겠다며 둘을 크게 칭찬했다.

하지만 세 번째 종은 "주인님, 저는 당신이 심지 않은 데서 거두고 헤치지 않은 데서 모으는 가혹한 사람임을 알고 있었기 때문에, 두려운 나머지 당신이 맡긴 돈을 땅속에 묻어두었습니다. 자, 이것이 맡기셨던 1달란트입니다"라고 말하며 돈을 내밀었다. 주인은 분노하며 "악하고 게으른 종아, 그렇게 내가 무섭다면 돈을 은행에 맡겨두지 그랬냐. 그랬다면 원금에 더해 이자를 얻을 수 있었을 텐데. 이 아무짝에도 쓸모없는 녀석 같으니!" 하면서 크게 꾸짖고는 세 번째 종을 저택에서 내쫓아버린다.

이리하여 '달란트를 땅속에 묻음 → 노력 여하에 따라

꽃필 수 있는 가능성을 묻어버림'에서 '달란트＝재능'이 된 듯하다.

이 내용으로 비추어보면, 공적자금이란 이름의 세금을 대량으로 투입했음에도 통 나아질 기미가 안 보이고 금리가 한없이 제로에 가까운 오늘날 일본의 은행에는 재능이 조금도 없다는 얘기가 된다. 그건 제쳐놓고, 성서에서 드러난 재능에 대한 관점에는 주목할 만한 가치가 있다.

그것은 바로, 재능이란 재능 그 자체뿐이 아니라 그것을 현실에 맞춰 살리는 능력까지 포함한다는 사고방식이다.

'나에게는 재능이 있는데 바보 같은 주위 사람들은 인정하지 않는다'라고 늘 푸념만 하는 사람이 있다. 탤런트의 어원에 의하면 재능은 묻힐 리가 없다. 그 재능을 꽃피우는 힘도 재능에 포함되기 때문이다.

# 흰색 웨딩드레스의 뜻

〈비련의 신부〉라는 프랑스 영화가 있다. 결혼식 날 신랑이 살해당한 것을 눈앞에서 본 신부가 하수인을 찾아내 차례차례 참살한다. 그 복수의 순간, 잔 모로가 연기한 주인공이 입은 것은 새카만 웨딩드레스였다(아마도 그랬던 것 같다).

이렇게 특수한 경우를 제외하면 웨딩드레스는 흰색이다. 사회적 통념으로 정해져 있다. 드레스뿐만이 아니라 면사포도, 장신구도, 구두도, 어쨌든 신부가 몸에 걸치는 것은 모두 흰색이다. 흰색은 순진무구한 이미지이자 처녀의 상징이다. 신부가 손에 든 부케의 꽃까지도 절대로 흰색이어야 한다. 적어도 유럽에서는 그게 전통이라고 한다. 이를 알게 된 건 스페인 사람과 결혼한 F에게 다음과 같은 이야기를 듣고 나서였다.

동네 젊은이가 동양인 여자와 결혼하게 되었다. 사실

이 젊은이에게 마음을 쏟았던 소꿉친구인 마을 아가씨가 있었는데, 결국 고백할 기회를 잡지 못한 채 젊은이의 결혼식 날을 맞게 된다.

가엾게도 신부의 몸단장을 돕는 입장에 처한 아가씨는 계획을 하나 꾸민다. 계절은 5월이라 라일락꽃이 흐드러지게 피었다. 아가씨는 흰색이 아닌 짙은 보라색의 라일락꽃을 양손 가득 꺾어서 신부에게 건넸다.

"예쁘죠? 이 꽃을 들면 흰 드레스가 한층 돋보일 거예요."

"향기도 정말 좋네요! 고마워요."

신부는 무척 기뻐하면서 꽃을 받아들고, 아가씨의 뺨에 몇 번이고 입을 맞췄다.

하지만 마을 사람들은 예식장에 나타난 신부의 모습을 보고 수군수군 속삭였다.

"흠, 닳아빠진 여자였나."

"뻔뻔스럽게 잘도……."

소문은 그날로 마을 전체에 퍼져 신부는 있으려야 있을 수 없게 되었고, 결국 한 달도 채우지 못하고 모습을 감췄다. 물론 신랑도 그 뒤를 쫓아 마을을 떠났다.

마을에 홀로 남은 아가씨는 죄책감에 괴로워했다. 그녀는 결국 견디다 못해, 사과의 마음을 담은 편지를 연적에게 써 보냈다. 얼마 후 편지를 받은 상대에게 전화가 걸려왔다.

"당신에게는 감사할지언정 원망 따위는 하지 않으니까 걱정하지 마세요."

"하지만 마을에서 쫓겨난 건……."

"저는 도시에서 자란 터라 원래 시골 생활은 견디지 못할 거라고 생각했어요. 반한 게 죄라고, 부모님과 함께 살기를 원하는 그이의 고향으로 시집오게 된 거예요. 하지만 당신이 준비해준 꽃다발 덕에 엄청난 소문이 나버렸죠."

"아아, 미안해요. 돌이킬 수 없는 일을 벌이고 말았어요……."

"신경도 안 썼어요. 어차피 저는 처녀도 아니고, 이번이 두 번째 결혼이거든요. 오히려 속을 끓인 건 그이 쪽이었죠. 안절부절못하면서 마을을 떠나자고 말한 것도 그이고요. 이거야말로 제가 원하던 바예요. 내가 조른 게 아니라, 남편의 뜻으로 마을을 나갔다는 모양새가 만들어진 건 당신 덕분이에요. 정말 고마워요!"

눈치챘겠지만 이 동양인 여자가 바로 F다. 장하다. 그녀는 그 후 스페인 사람인 남편과 헤어졌고, 현재는 아홉 살 연하의 일곱 번째 남편과 살고 있다. 일곱 번 모두 제대로 관공서에 혼인신고를 했고 결혼식과 피로연도 치렀다고 하니, 참 성실하기도 하다.

26

"이 비싼 웨딩드레스를 한 번밖에 못 입는 건 아깝다고 생각했는데, 일곱 번 입었으니 본전은 뽑았구나."

"어머, 일곱 번 전부 새 드레스야. 헤어질 때는 다 두고 몸만 나오는걸."

그런가. 보통 이혼을 꿈꾸는 사람도 막상 때가 되면, 이 가구 어떡하지, 그래 맞아 이 피아노는, 하면서 물욕에 붙들려 단념하곤 한다. 그녀는 그런 점에 있어서는 정말 깔끔하다. 그것이 이혼 고수의 비결일지도.

"그래서, 드레스 색은 설마 흰색?"

"물론이지. 순결의 상징이라기보다는 백지 상태에서 인생을 다시 시작하자는 각오의 흰색이야!"

# 비둘기가 평화의 상징?

　파리건 로마건 교토건, 관광지 광장에는 무슨 까닭에서인지 비둘기가 무리지어 있다. 한 박자에 맞춰 동시에 날아오르는 모습은 확실히 장관이다.

　하지만 관광지에 사는 사람들에게 비둘기는 골치를 썩이는 원인이기도 한 듯하다. 상트페테르부르크의 성 표트르 대성당 앞 광장에서 벤치에 걸터앉아 비둘기들에게 빵부스러기를 나눠주다가, 아이스크림을 파는 아주머니에게 비아냥 섞인 불평을 실컷 듣고 말았다.

　"관광객들은 참 속 편하겠어. 우리는 매일 이 녀석들이 퍼질러 싸대는 똥과 사투를 벌이고 있는데 말이야. 양은 또 얼마나 푸짐하다고! 이 녀석들, 좀처럼 죽지도 않고 점점 늘어나기만 하니까. 봐, 대성당 처마 밑은 둥지투성이야. 그래도 평화의 상징인가 뭔가 하니까 까마귀처럼 물리치기도 뭐하고……."

도대체 누가, 언제, 비둘기를 평화의 상징이라고 정한 걸까. 고대 세계에서는 비둘기가 생명력과 번식력이 강한 점을 높이 사 긴 시간 동안 다산과 풍요의 상징이었다. 서아시아 각지에는 지금도 아이를 데려오는 새는 황새가 아니라 비둘기라는 구전이 남아 있다.

거기에 고대 그리스의 사랑과 풍요의 여신 아프로디테 곁을 따르던 새도 비둘기다. 그리스 신들을 이름만 바꿔 거의 그대로 계승한 로마 신화에서, 비너스(그리스 신화에서 아프로디테)도 반드시 비둘기를 데리고 다닌다. 그 비둘기가 어느 날 전쟁의 신 마르스가 낮잠을 자는 틈에 그가 애용하는 투구에 알을 낳았다. 투구가 본래 역할을 할 수 없어, 마르스는 전쟁에 나갈 수 없게 되었다. 아무래도 여기서부터 비둘기가 전쟁을 멈추게 하는 평화의 상징이 된 것 같다.

이와 달리 이스라엘에서는 옛날부터 비둘기를 신성한 새로 숭배하는 전통이 있었다. 왜 신성시되었는지는 알 수 없지만, 이 전통은 유대교를 거쳐 그리스도교까지 이어지고 있다.

그 유명한 삼위일체론의 '아버지와 아들과 성령'에서도 아버지 역은 하느님이, 아들 역은 예수가, 성령 역은 비둘기 형태를 띤다. 천사나 성모 마리아를 비둘기의 모습으로 그린 성화聖畵를 종종 본 적이 있지 않은가.

비둘기는 구약성서 「창세기」의 홍수 전설에서도 중요한 역으로 등장한다. 노아가 놓아준 비둘기가 올리브 가지를 물고 방주로 돌아온다. 비둘기는 육지가 가까이에 있음을, 즉 홍수가 끝나가고 평화가 찾아왔음을 고한 것이다. 올리브 가지를 문 비둘기는 평화의 상징이 되어 파블로 피카소의 그림에도 등장한다.

한가로움을 핑계로 아이스크림 파는 아주머니와 비둘기에 대해 이런저런 수다를 떠는데, 갑자기 아주머니가 진지한 표정을 지었다.

"그래도 말이야, 이 거리가 독일군에 포위되었을 때에는……."

"어머, 아주머니 그때 레닌그라드에 계셨던 거예요?"

내가 놀라는 것도 무리는 아니다.

제2차 세계대전 중, 1941년 6월에 소련에 쳐들어온 독일군은 당시 정치·경제적으로 중요한 거점이자 레닌그라드로 불렸던 소련 제2의 도시를 얻기 위해 포위망을 쳤다. 같은 해 11월에는 바깥 세계와의 연락을 완전히 차단하고, 식량 보급로를 끊어 항복을 유도하는 공격을 계획했다. 하지만 300만 레닌그라드 시민은 1944년 1월 소련군에 의해 해방될 때까지 900일을 견뎌냈다. 아사자 수는 64만 명에 달했다고 전해진다.

"그때 비둘기는 한 마리도 남김없이 먹어버렸지. 한 마리도 남김없이 말이야."

아주머니는 그렇게 말하며 입을 다물었다. 그리고 나서 조금 있다가 덧붙였다.

"그래서 전쟁이 끝나고 나서 처음으로 다시 비둘기 모습을 봤을 때는 기뻤어. 정말 평화가 왔구나 하고 실감했지."

# 최첨단 의료

　모스크바에서 일본의 저명한 경제학자 M이 벌에 쏘여 오른손이 글러브처럼 부어오른 적이 있다. 통역을 맡은 나도 동행해, 서둘러 호텔 의무실의 문을 두드렸다. 문이 열리고 나서 M과 나는 엉겁결에 뒷걸음질을 치고 말았다. 백의의 당직 의사는 몸집이 M의 두 배는 되지 않을까 싶을 정도로 체구가 당당한 아주머니였다.

　"왠지 불안해."

　얼핏 보는 것만으로도 공포를 느꼈는지 내 옷소매를 잡아당기는 M의 손이 떨리고 있었다. 돌아서고 싶었지만 이미 늦었다.

　"어라, 오늘은 말벌의 희생자가 많네. 당신이 세 번째예요."

　거구에 어울리지 않는 귀여운 목소리를 내며, 여의사는 M의 오른손을 덥석 쥐더니 세면대까지 끌고 갔다.

"아아아앗!"

M이 잔뜩 굳은 얼굴로 공포에 떨며 비명을 지르던 것이 체념으로 수그러들 무렵이었다. 여의사는 수도꼭지를 틀더니 기세 좋게 뿜어져 나오는 물에 M의 부어오른 오른손을 쑥 집어넣었다.

"우웃, 차가워!"

M이 몸을 비비 꼬며 손을 빼려고 했지만, 힘에서 밀리지 않는 여의사는 한 손으로 가볍게 M의 오른손을 잡아 흐르는 물속에 밀어 넣은 채, 다른 쪽 팔에 찬 시계를 확인하더니 내 쪽을 보면서 말했다.

"이 사람 왜 이렇게 야단스럽게 꽥꽥거리는 거죠? 환부를 식히려면 10분은 더 물을 맞아야 해요."

여의사가 말한 대로 정확히 10분이 지나 M이 해방되었을 때 그의 오른손은 감각이 마비될 정도로 차가워져 있었다. 하지만 부기는 거짓말처럼 가라앉았다.

다른 기회로 상트페테르부르크에 갔을 때, 나와 동행한 모 방송국 프로듀서 S가 편도선이 새빨갛게 부어올라 목소리가 나오지 않게 된 적이 있다. 호텔에는 당직 의사가 없어서 가까운 병원에서 의사가 달려왔다.

혹시 보일러공 아냐? 그 의사가 방에 나타난 순간, 옛날에는 흰색이었을지도 모르는 꾀죄죄한 '백의'를 보며 그렇게 생각하고 말았다. 그는 증상을 간단하게 듣더니 가

방에서 손전등을 꺼냈고, 다시 부스럭거리며 가방을 뒤지더니 곤란하다는 표정을 지었다. 그러더니 '아!' 하고 눈을 빛내며 테이블 위에 있던 숟가락을 들어 더러운 부분을 닦으려는 듯 '백의'에 두세 번 비비고 나서 "입을 벌려 목 안을 보여주세요" 하고 말했다. 환자가 입을 벌리자 그는 한 손으로 손전등을 비추고, 다른 한 손으로는 예의 그 숟가락을 쥐고 환자의 혀를 누르며 속을 주의 깊게 살펴보더니 중얼거렸다.

"흔한 편도선염이네요. 호텔에 부탁해서 물병 여섯 개를 가져오세요."

그는 가져온 물병에 어떤 분말을 넣고, 일단 물로 씻은 그 숟가락으로 휘휘 저었다. S의 동공은 공포와 불안을 이기지 못하고 눈동자 가득히 커져 있었다. 목소리가 나오지 않는 S를 대신해 내가 물었다.

"그 가루는 뭐죠?"

"붕산입니다. 지금 바로 이 물로 목 안을 헹구세요."

그 자신만만한 기세에 압도당한 듯, S는 침대에서 일어나 목 안을 헹구기 시작했다. 지긋지긋할 정도로 시간이 오래 걸렸다. 보는 것만으로 토할 것 같았다. 하지만 양동이를 가득 채운 양과 비슷한 물병 여섯 개분의 양칫물이 다 떨어졌을 무렵, S의 목의 붉은 기는 흔적도 없이 사라졌다.

내과의사인 친구에게 이 두 가지 사건을 들려주었더니 대수롭지 않게 여기며 무시했다.

"100년도 더 된 옛날이야기 같네."

하지만 요즘처럼 약에 전 의료보다는 훨씬 앞서 있는 것은 아닐까 하는 기분이 든다.

# 철의 장막

'철의 장막'이라는 표현을 처음으로 쓴 사람은 윈스턴 처칠로 알려져 있다. 당시 영국 총리였던 처칠이 방미 중이던 1946년 3월 5일 미주리 주 풀턴 시의 웨스트민스터 대학에서 한 연설의 다음 대목은 너무나 유명하다.

"발트 해의 슈체친에서 아드리아 해의 트리에스테까지, 유럽 대륙을 가로질러 '철의 장막'이 드리워져 있다."

처칠은 제2차 세계대전 후, 소련 산하에 편입된 동유럽 사회주의 제국이 서구 자본주의 제국에 극단적인 비밀주의와 폐쇄적인 태도를 취한 것이 일종의 장벽이라고 비꼰 것이지만, '철의 장막'은 삽시간에 동서냉전을 상징하는 상투어로서 언론에 빈번하게 등장하게 되었다.

그런데 이 말은 괴벨스가 그보다 1년 전쯤에 이미 나치스의 선전용으로 사용했다. 1945년 2월 23일에 발행된 〈제국〉지에 게재된 논문 「2000년」에서 "소련이 이 전쟁에서 승리를 거두게 된다면 동유럽은 다른 지역으로부터 '철의 장막'에 의해 가려지게 될 것이다"라며 자국의 패배가 농후했던 시기에 수고스럽게도 유럽의 장래를 걱정했다……기보다는 마지막 버티기로 연합군의 분열을 꾀하기 위해서였다.

사실 여기까지는 『일본대백과전서』에도 쓰여 있는 내용이다. 그럼 '철의 장막' 저편에 있던 소비에트 시대의 러시아에서는 이 표현을 어떻게 받아들였을까. 재밌게도 레프 니쿨린이라는 러시아 작가가 처칠이나 괴벨스보다 15년 쯤이나 앞서 '철의 장막'이라는 제목으로 에세이를 썼다. 이 에세이는 1930년 1월 13일자 〈문학신문〉에 게재되었다.

무대에 화재가 발생하면 객석에서 불길을 차단하기 위해 철의 장막을 내린다. 자본가의 눈에 소비에트 러시아는 12년 동안이나 화재가 이어지고 있는 것처럼 보이는 듯하다. 그래서 건너편에서는 객석에 불똥이 튀지 않도록 온 힘을 다해 레버를 밟으며 철의 장막을 내리기에 한창이다.

즉 '철의 장막'을 내린 범인은 서방西方의 해석으로는 소련이지만, 소련 측의 해석에 의하면 서방의 자본가들인 것이다.

이런 전개는 조사하기 전부터 어느 정도 예상하고 있었다. 그것보다도 니쿨린이 쓴 '철의 장막'에 관한 설명이 신경 쓰여 원래 의미를 찾다가 진정한 의미의 '철의 장막'을 발견할 수 있었다.

'철의 장막'은 니쿨린이 쓴 글에서처럼 18세기 유럽에서 무대에서 객석으로 불길이 퍼지는 것을 방지하기 위해 발명되었다. 아무래도 당시에는 조명으로 촛불이 많이 쓰였기 때문일 것이다. 철의 장막은 1780년 말부터 1790년 초에 걸쳐 프랑스 리옹 시의 극장에 처음 설치된 이후, 19세기까지 극장 건설에 맞춰 설치하는 것이 상식이었다고 한다. 이와 함께 유럽 여러 나라의 무대 용어와 일상어에 '철의 장막'이라는 말이 깊숙이 침투하게 되었다.

말은 제구실을 하게 되면 비유로서도 활약하기 시작한다. "그는 마음에 철의 장막을 쳤다"라는 식으로 처음에는 인간의 자폐적인 심리 상태를 나타내는 비유로 쓰였고, 제1차 세계대전 무렵에는 나라나 민족 간의 정치적, 이데올로기적 단절 상태를 나타내는 말로 매스컴 용어의 대열에 끼게 되었다.

프랑스의 국어사전 『로베르 사전』에서 '철의 장막'을 찾아보니 첫 번째 의미는 '무대와 객석을 가로막는 금속제 방화막', 두 번째 의미는 '점포의 방범 셔터'이고, 세 번째 의미에 겨우 우리에게도 익숙한 해석이 등장한다.

내가 본 바로는 일본의 국어사전인 『고지엔』이나 백과사전에도 원래의 의미가 아닌 '냉전시대의 동서를 가로막은 장벽'이라는 전화轉化한 의미만 기재되어 있지만, 일본 대부분의 극장에는 방화법 규정에 따라 방화 셔터라는 이름의 '철의 장막'이 설치되어 있다.

# 삼각관계

오랜만에 차이콥스키의 〈백조의 호수〉를 들으며 예전에 봤던 발레의 한 장면을 마음속에 그려봤다.

주인공인 왕자는 악마의 마법으로 백조가 된 가련한 아가씨 오데트와 사랑에 빠져 결혼을 약속한다. 오데트는 진실한 사랑에 의해서만 인간으로 돌아갈 수 있다는 복선이 깔려 있다. 그런데 악마는 오데트와 쏙 빼닮게 변신시킨 자신의 딸 흑조 오딜을 약혼 발표회장에 들여보낸다. 왕자는 감쪽같이 속아넘어가 오딜을 가리키며 "이 사람이 약혼자입니다" 하고 좌석을 메운 사람들에게 말한다. 그 순간, 악마 부녀는 의기양양하게 왕자를 비웃으며 모습을 감춘다. 왕자는 자신의 실수를 깨닫고 상처받은 오데트를 찾으러 달려나가, 악마와 직접 대결해 승리를 거둔다. 그리고 해피엔딩.

문득 '삼각관계'라는 말이 떠올랐다. 왜냐하면 이 사랑이야기의 극적 전개를 촉진하는 데 삼각관계가 중요한 역할을 하기 때문이다. 즉 기승전결의 '전'에 해당하는 기능을 맡고 있다.

그러고 보니 〈지젤〉은 지젤과 왕자님의 사랑에 끼어들어 지젤을 짝사랑하는 남자가 있음으로써 비로소 성립하는 드라마였고, 〈바흐치사라이의 샘〉은 폴란드로 침략해 온 기레이 칸이 폴란드 귀족인 마리아를 사랑해 애태우고, 이를 질투하는 기레이의 첫째 부인 자레마가 있어서 비로소 이야기의 톱니바퀴가 굴러가도록 되어 있다.

발레뿐만이 아니다. 대다수의 연애 소설과 드라마에도 삼각관계가 필요하다. 아내의 보이지 않는 애인을 질투한 나머지 애처 데스데모나를 목 졸라 죽인 오셀로나, 남편 카레닌에게서 도망쳐 브론스키에게 가는 유부녀 안나 카레니나의 비극을 떠올려보라.

아주 간단하게 '삼각관계'를 키워드로 몇 작품을 떠올려봤다. 삼각관계, 이 얼마나 적확한 표현인가. 이렇게 지금은 일상생활에서도 빈번하게 쓰이는 삼각관계라는 말이 일본의 백과사전에는 표제어로도 등록되어 있지 않고, 국어사전에는 무미건조하게 '세 남녀 간의 복잡한 연애관계'라고 쓰여 있을 뿐이다.

확인 삼아 유럽과 미국에서 '삼각관계'라는 의미로 쓰는 말을 찾아보니, 영어, 프랑스어, 러시아어 죄다 '숙명의

트라이앵글'과 같은 의미의 말이 조합된 것이었다. 아마도 일본어의 '삼각관계'는 '트라이앵글'을 번역한 게 아닐까. 그리고 '트라이앵글'에는 뭔가 공통의 어원이 있는 게 아닐까. 혹시 그 어원은 그리스 비극 부근으로 거슬러 올라가지 않을까 짐작했는데, 뜻밖에 최근에 생겨난 말이라는 게 판명되었다.

19세기에서 20세기에 걸쳐 활약한 노르웨이의 극작가 헨리크 입센의 작품으로, 1891년에 초연된 『헤다 가블러』 제2막 1장에서 주인공 헤다와 배석 판사 브라크가 다음과 같은 대화를 나눈다.

> 브라크: 내 소원은 헌신적인 친구들을 갖는 거요. 서로의 말과 행동을 지지하고 신뢰할 수 있는 친구……
> 헤다: 한 집안의 가장 같은 사람을 친구로 원하나요?
> 브라크: 솔직히 얘기하면, 한 집안의 주부 쪽이 좋은데. 거기엔 물론 한 집안의 가장도 있어야겠지만…….
> 헤다: 네, 저도 세 번째 사람이 부족하다고 늘 생각했어요.

그 장면에서 헤다의 남편이 나타난다.

> 브라크: (속삭인다) 트라이앵글이 완성됐군요.

『인형의 집』의 노라를 통해 자아에 눈뜬 여자를 표현한 입센은 헤다를 통해 자아에 눈떠도 사회 참가가 허락되지 않는 여자의 조바심과 불륜에 대한 욕망을 멋지게 그려냄과 동시에 트라이앵글(삼각형)이라는 말에 새로운 의미를 부여한 것이다.

삼각관계 그 자체는 인류가 유인원이었을 때부터 있던 현상일 테고, 동서고금의 문학에서도 빈번하게 다뤄졌지만, 삼각관계라는 개념 덕분에 더욱 의식적으로 사용하게 된 것은 아닐까. 19세기 소설을 풍미했던 주제가 바로 삼각관계였다고 하고, 20세기 말 일본의 텔레비전에서 방영한 연애 드라마의 십중팔구는 삼각관계를 작품 구조의 기초로 삼거나 이야기 전개의 촉진제로, 적어도 자극적인 조미료로 사용했다.

# 제7천국

'누외루樓外樓'라는 상호의 무척 맛있는 중화요리점이 있다. 그곳의 메뉴판과 성냥 등에 쓰인 영어 상호 Seventh Heaven을 보고 또 하나의 레스토랑을 떠올렸다.

크렘린 궁전이 있는 모스크바 시의 중심부에서 북북동 방향을 바라보면 높이 500미터의 탑이 솟아 있다. 바로 오스탄키노 방송탑이다. 탑 꼭대기에서 5분의 1 정도 내려간 부분에 회전 레스토랑이 있는데, 그 이름도 글자 그대로 번역하면 '일곱 번째 천공天空'이다. 음식 맛은 '일곱 번째 지옥'이라는 평판이지만 말이다.

사전을 찾아보니 Seventh Heaven이란 제7천국, 천국 중의 천국, 지고천至高天, 최상천最上天, 신과 천사가 사는 곳이라고 적혀 있다. 단테의 『신곡』에서 주인공은 이 지고천을 지향한다.

이 표현은 체호프의 단편 「니노치카」에도 등장한다. 니노치카의 남편은 공처가라, 아내의 심기가 불편할 때마다 친구에게 상담을 요청한다. 상담해주는 친구는 사실 니노치카의 불륜 상대다. 그는 니노치카와 한창 밀회를 나누던 중 남편과 잘 지내라고 설득할 때, "당신이 한 마디만 해줘도 그 녀석은 제7천국에 있는 느낌일 거야"라며 더없는 행복의 경지에 오른다는 의미의 비유로 이 말을 사용한다.

투르게네프도 친구에게 보내는 편지에 이렇게 썼다.

> 그녀와 알게 된 지 벌써 석 달. 처음 만난 날부터 나의 사랑은 점점 커져서, 지금 이 순간은 아득한 제7천국에 도달한 것 같다고나 할까.

이런 식으로 고양된 마음 상태를 이야기할 때도 쓰인다. '제7천국'이라는 표현은 그리스도교 문화권의 사람들이 빈번하게 사용하기 때문에, 천체를 일곱 개로 나눴다는 사고방식은 당연히 성서를 쓴 사람의 발상이라고 생각하는 사람들이 많은 것 같다. 하지만 처음 말을 꺼낸 사람은, 그러니까 적어도 가장 처음 이 말을 기록한 사람은 철학자 아리스토텔레스다. 그는 저서 『천체에 관하여』를 통해 천체의 구조에 대해 논하면서, 천체는 일곱 개의 부동의 공간에서 형성된다고 설명한다. 그 공간은 결정체結晶體

로, 각각 항성恒星이나 행성이 분배되어 있다고 한다.

이슬람 사전에서 본 것으로 잘난 척을 해보자면, 이슬람교의 성전聖典 코란에도 곳곳에 일곱 개의 하늘에 대한 기술이 있다. 또한 코란 그 자체가 제7천국에서 천사가 가져온 것이라는 설도 있다고 한다.

성서, 성전에서 레스토랑의 상호까지, 왜 사람들은 하늘을 일곱 개로 나누는 데 이렇게나 끌리는 것일까. 과학 시간에는 대기를 구성하는 성층권이나 대류권이 어쩌고 하는 이야기는 좀처럼 머리에 들어오지 않았는데 말이다. 애초에 신이나 극락정토가 하늘 저편에 있다고 생각하는 종교가 동서고금 유독 많은 이유는 무엇일까. 종교뿐만이 아니다. 가구야 공주헤이안 시대의 민담 『다케도리모노가타리』의 여주인공나선녀에서 피터 팬까지, 전설이나 옛날이야기는 하늘을 정말 좋아한다. 노스트라다무스의 예언도 하늘에서 무언가가 내려온다는 이야기가 지나치게 많다.

생각건대 만유인력으로 지구에 묶여 날개를 갖지 못한 인간에게 있어 하늘은 자유롭게 상상력의 날개를 펼칠 수 있는 커다란 도화지인 것이 아닐까. 비행기가 발명되기 전까지는 그래도 좋았다. 인간이 우주에 발을 디디기 시작했을 때, 무엇이든 그릴 수 있었던 이 도화지를 빼앗기는 것은 아닐까 걱정했던 사람도 있었다. 하늘을 일곱 개로 나누는 것을 현대적으로 해석하면, 대기권 바깥에 있는 우주 공간이야말로 제7의 천공에 걸맞다고 생각한 것이다. 하지만 다음의 러시아 재담은 그런 걱정은 아무 소용없다고 일러준다.

가가린이 인류 처음으로 우주를 방문하고 돌아왔을 때, 곧장 공산당 서기장에게서 전화가 걸려왔다.

"부탁이니 신과 만났다는 것만은 비밀에 부쳐주게."

수화기를 내려놓기가 무섭게 또다시 전화벨이 요란하게 울렸다. 바티칸의 교황으로부터 온 전화였다.

"부탁이니 신이 없었다는 것만은 말하지 말아주게."

규칙의 변용

# 이카로스와 가가린

1961년 4월 12일, 유리 가가린이 인류 처음으로 우주 방문자가 되었다. 그 당시 나는 프라하의 소비에트 학교에 다니고 있었다. 가가린의 소식이 발표되자마자 학교 안은 수업이 안 될 정도로 난리가 났다. 텔레비전이 있는 강당에 교직원, 학생이 모두 모여 소비에트 본국의 생중계에 몰입했으며, 열기는 그 후 일주일이 넘게 이어졌다. 본국에서 온 신문, 잡지에 가가린과 관련된 기사만 나오면 앞다퉈 달려들었다.

그런데 가가린의 위업을 칭송하는 보도 가운데 "그야말로 소비에트의 이카로스"라는 표제가 붙은 기사가 있어 약간의 논란이 일어났다.

그리스 신화에는 매력적인 이야기가 무척 많지만, 특히 이카로스 전설에는 우리의 마음을 붙드는 힘이 있었기 때문에, 가가린을 이카로스에 비유하는 문장에는 반 친구들도 모두 한마디씩 하고 싶어진 것이다.

이카로스는 천재적인 장인匠人 다이달로스의 아들이었다. 다이달로스는 크레타 섬의 왕 미노스의 분노를 사, 아들 이카로스와 함께 미궁 라비린토스에 갇히고 만다. 하지만 과연 다이달로스였다. 그는 날개를 고안해 자신과 아들의 어깨에 밀랍으로 고정했다. 이렇게 해서 미궁을 탈출하는 데에는 성공한 것처럼 보였다. 하지만 넓은 하늘로 날아오르자 아들 이카로스는 너무 높이 날면 위험하다는 아버지의 충고를 잊어버렸다. 태양에 가까이 다가간 탓에 태양의 열로 밀랍이 녹아 이카로스는 날개를 잃고 바다에 떨어져 죽고 만다.

이카로스에게는 불가능에 도전하는 용감한 영웅이라는 이미지도 있지만, 굳이 따져보면 분수를 모르는 어리석은 낙오자의 이미지가 더 강하지 않나 하는 것이 논란의 핵심이었다. 역시 이카로스는 추락하지 않은 가가린에 대한 비유로는 어울리지 않는다는 쪽으로 이야기는 마무리되었다.

그로부터 29년이 흐른 1990년, 일본인 최초의 우주비행사 아키야마 도요히로의 프로젝트에 통역사로 참가한 나는 모스크바 교외에 있는 우주비행사 훈련 센터, 통칭 '별의 마을'의 작은 박물관을 방문할 기회가 생겼다. 가가린과 함께 훈련을 받았다는 전직 우주비행사 출신 소장님이 직접 안내해주셨다.

전시품 중에는 가장자리가 검게 그은 신분증이 있었다. 스물일곱 살의 젊은 나이로 위업을 성취했던 가가린이 그로부터 7년 뒤인 1968년, 제트기 훈련 중 사고가 나 신원 판명조차 불가능할 정도로 시신이 탔고 그 신분증이 유일한 유품이었다고 한다.

큰맘 먹고 당시 항간에 떠돌던 소문의 진위를 소장님께 물었다. 가가린이 브레주네프 서기장을 비판해 노여움을 사, 공식적으로는 사고사로 발표되었지만 바로 최근까지도 정신병원에 유폐되어 있었다는 소문이 사실인지.

"그 소문에는 진실이 섞여 있소."

소장님은 의외로 솔직하게 말해주었다. 소련이 붕괴하기 직전인 시기라 정보 통제가 느슨해진 것도 한몫했을 것이다.

"갑자기 영웅이 된 가가린은 기고만장했지. 술에 절어 지도부가 간과할 수 없는 언동까지 하게 되었소."

아무리 통제가 느슨해졌다고 해도 이 이상의 말은 소장님도 꺼내지 않았다. 가가린의 사고사 조작설, 정신병원 유폐설 둘 다 긍정도 부정도 하지 않았다. 그러더니 꽤 의미심장한 말을 중얼거렸다.

"우주에서는 추락하지 않았지만, 역시 가가린은 이카로스였던 거요."

곧 아키야마가 날아오르게 될 바이코누르 우주기지를 방문했을 때, 넓은 기지 구석에 면목 없다는 듯 비석이 오도카니 서 있었다. 들꽃만 놓여 있을 뿐 아무런 표시도 없었다.

"이카로스들의 묘랍니다."

우주기지 직원이 내 귓가에 대고 속삭였다. 가가린이 우주 비행에 성공하기 전, 수많은 실패가 있었다는 것을 그때 알게 되었다.

# 개미에게도 개성이 있다

어느 기자가 페테르부르크 거리에서 진행된 인터뷰를 위성 회선으로 전송한 화면을 보며 급히 통역을 해주었으면 한다고 요청해 부랴부랴 방송국으로 달려간 적이 있었다.

"최고야! 다들 꽤 센스 있게 말하는군요! 답변이 다 재밌어서 버릴 게 없으니 고민이네요. 대단해요, 러시아인은. 열 명에게 질문하면 열 가지 대답이 돌아오니 말이에요."

나의 통역을 들으며 담당 기자가 열렬히 감탄했다.

"이게 일본에서 한 거리 인터뷰라면, 반대로 거의 쓸 게 없어서 고민하게 된다고요. 열 명한테 질문하면 열 명이 거의 똑같은 얘기를 해요. 혹은 신문이나 텔레비전에서 이미 여러 번 나와서 진부해진 말을 마치 자기 의견인 것처럼 말하기도 하죠. 재밌는 답을 얘기하는 사람은 열 명에 한 명 정도의 비율이에요. 매스컴에 쉽게 흔들리는 미국인이라도 세 명에 한 명은 자기 견해를 주장한다고 하는데 말이죠."

워싱턴에서 특파원을 지낸 경험이 있다는 그는 계속해서 한탄한다.

"역시 일본인에게는 타인과 다른 것을 극도로 싫어하는 경향이 있는 거예요. 눈에 띄는 것도 싫다, 모난 돌이 정 맞는다. 뭐든 남을 따라 하면 무난하다고 생각하는 거죠. 정말 지루한 국민성이라고 생각해요."

"어머, 누가 뭐래도 남을 따라 하는 경향을 가장 조장하는 게 일본의 방송국 아닌가요? 어떤 방송이 뜨면 다른 방송국도 곧바로 비슷비슷한 방송을 내보내고, 인기 탤런트는 어느 채널을 돌려도 나오잖아요."

이렇게 반론을 하려다가, 그런 방송국의 모습을 허용하는 것도 일본인의 국민성일지도 모르겠다는 생각이 들어 입을 다물고 말았다.

확실히 국민성을 국제적으로 비교할 때, 일본인은 몰개성적이라고 정평이 나 있다. 한 명 한 명의 언동이 구별하기 어려울 정도로 비슷비슷한 것을 싫어하는 서양인들이 일본인을 곧잘 개미에 비유한다는 것도 널리 알려진 사실이다.

러시아 재담에서도 전형적인 일본인상像을 놓치지 않

는다.

　　"이상적인 인간이란 어떤 사람을 말하는 걸까요?"
　　"그건 아마 영국인처럼 요리를 잘하고, 프랑스인처럼 외국인을 존경하고, 독일인처럼 유머 감각이 뛰어나고, 이탈리아인처럼 성실하고, 미국인처럼 외국어가 능숙하고, 러시아인처럼 술을 자제해서 마시고, 일본인처럼 개성이 넘치는 사람이겠죠."

　나도 소녀 시절의 5년 동안을 외국에서 보내고 귀국해서 고향의 중학교에 편입했을 당시, 처음에는 학교 친구들 사이에서 일본인의 몰개성을 확인하는 하루하루를 보냈다.
　하지만 얼마 지나자 나와 동년배인 젊은이들의 행동의 이면에서, 사실은 인간관계가 긴장되는 것을 최대한 막기 위해 되도록 무탈하게 이야기하려고 신경 쓰는 모습을 발견해 감동했다.
　그리고 타자와의 차이를 필요 이상으로 강조하는 서양의 표현 방법과 달리, 차이를 최소화하고자 하는 일본인 특유의 언어 습관에 익숙해지고, 또 학교 친구들과 점점 친해지다 보니 개개인이 놀랄 정도로 개성적이고, 재밌는 생각과 참신한 의견을 감추고 있음을 깨닫게 되었다. 그

천차만별인 모습은 결코 러시아인이나 미국인에게 뒤지지 않는다.

개성은 만인에게 알기 쉬운 형태로 바로 표면에 드러나는 유형과, 개성임을 알아채기까지 시간이 걸리는 유형이 있다. 단지 그것뿐이다.

최근의 생물학에서는 같은 종류의 동물 사이에도 꽤 큰 개체 차이가 있다는 것에 주목하게 되었다고 하지 않는가. 어느 개미 한 마리를 잡아서 그 특징을 개미의 일반적인 특징으로 삼는 경향이 있었지만, 그것은 사실 그 개미 한 마리만의 특징이었을 뿐인 경우가 꽤 있다고 한다.

# 종족과 닮은꼴

어느 국제회의의 점심 휴식 시간, 회의장 부속 레스토랑에서 함께 통역 일을 하는 동료 열한 명과 담소를 나누며 식사를 하고 있었다.

프로 통역사는 대다수가 여성이고 일본도 마찬가지다. 물론 그날 식탁을 둘러싼 면면도 죽 훑어보니 온통 여자인 틈바구니에 어깨 좁은 남자가 한 명 있을 뿐이었다. 여자 셋이 모이면 떠들썩하기가 각자의 네 배다. 왁자지껄하게 실컷 수다를 떨고, 실컷 웃고, 실컷 먹었다. 일로 그만큼 입을 움직였으면서 휴식 시간까지 잘도 떠들어댄다고 희한하게 생각할지도 모르지만, 일하는 중에는 타인을 위한 일에 자신의 언어 구사 능력을 사용할 뿐 아닌가. 그러니 쉬는 시간만은 자기 자신을 위해 언어 구사 능력을 사용하고 싶을 뿐이다.

그런 까닭에 소란스러운 식탁에는 당연히 주위의 시선

이 쏟아졌다. 특히 옆 좌석의 백인 여성은 우리가 레스토랑에 들어섰을 때부터 먹는 것도 잊고 이쪽을 주시하기 시작했다. 마치 쩨려보는 것 같았다. 그러고는 드디어 결의를 다진 듯이 벌떡 일어나 성큼성큼 우리 쪽 테이블을 향해 다가왔다.

"시끄러워!"

이렇게 불평 한마디라도 듣게 될 것을 각오하고 있었는데, 억센 독일식 억양의 영어로 "저기, 당신들 모두 일본인인가요?"라는 꽤나 엉뚱한 질문을 받았다.

"네, 그런데요. 무슨 문제라도?"

"일본인은 재밌네요. 정말 여러 가지 얼굴을 가진 사람들이 있군요."

"그런가요."

"네. 같은 아시아계라도 몽골인은 한눈에 몽골인이라고 알 수 있어요. 베트남인은 베트남인, 한국인은 한국인이라고 말이에요. 외부인이 보면 한 번에 알 수 있는 용모상의 공통점이 있거든요. 그런데 일본인들은 봐요, 당신은 티베트인 같고, 그 옆은 퉁구스계, 파란 정장을 입은 분은 필리핀인이라고 해도 통할 것 같아요. 머리가 긴 분은 중국 동북부 사람의 얼굴을 하고 있네요. 그쪽에 안경 쓴 당신은 인도네시아인, 남자 분은 태국인 가운데 많은 유형이에요."

식탁을 둘러싼 우리 한 사람 한 사람의 얼굴을 유형별로 나누더니 "재밌다, 재밌어"라며 혼자서 만족하며 돌아갔다.

확실히 일본인은 잡종 민족이라는 소리를 자주 듣는다. 일본 열도에는 여러 시대에 걸쳐 남방의 섬들로부터, 또는 대륙에서 다양하고 잡다한 민족들이 들어와 정착했다. 그래서 일본인의 얼굴에는 여러 가지 유형이 있는 거라고들 한다.

하지만 그렇게 말한다면, 대륙은 바다에 둘러싸인 섬나라와는 비교도 안 될 정도로 민족 간의 교류나 혼혈의 기회가 많았을 게 틀림없다. 그런데 대륙의 민족이 외견상으로 통일성을 유지하고, 교류 빈도가 훨씬 낮은 일본인의 겉모습이 제각각인 것은 이상하지 않은가. 오래전부터 그런 의문이 들곤 했다.

수수께끼가 풀린 것은 이케다 기요히코 씨의 이야기를 접하고 나서였다. 이케다 씨는 곤충 채집에 푹 빠졌던 소년 시절의 연장으로 생물학자가 된 사람으로, 지금도 매년 곤충을 찾으러 동남아시아 각국으로 떠나곤 한다.

이케다 씨의 관찰에 의하면, 같은 영역에 동일한 종이 속해 있을 때 여기에 아종亞種 종으로 독립할 만큼 다르지는 않지만 변종으로 하기에는 서로 다른 점이 많은 한 무리의 생물에 쓰는 분류 단위으로 구분되는 곤충이 생식할 경우, 생존 경쟁이 격렬해지면서 아종마다 그룹화가 더욱 강하게 촉진된다고 한다. 아종 간의 다른 점을 더욱 확실히 강조하는 한편, 동일 아종 내의 비슷한 점을 강화하는 것이다. 그 결과 때로는 종이 갈라지는 것이 아닐까 싶을 정도로 용모가 달라지는 동일한 종의 곤충이 발견되는 모양이다.

그러고 보니 이러한 사실은 유전학 연구를 위해 일란성 쌍둥이를 오랫동안 관찰해왔던 학자들도 지적하고 있다. 일란성 쌍둥이는 동일한 환경에서 함께 자라면 성장할수록 성격도 외모도 차이점이 두드러진다. 그런데 어쩌다가 운명의 장난으로 생이별해 따로따로 자란 일란성 쌍둥이의 경우, 성격과 외모 모두가 놀랄 정도로 서로 닮았다고 한다.

# 시간과 권력

어제의 악마와 같은 모질고 흉악한 바다도

오늘은 알을 품는 비둘기보다 더 온순하다.

무슨 차이가 있으랴!

모든 것은 흘러가고……

모든 것은 변해버린다.

무엇도 한곳에 머물지 않는다…….

소비에트에서 가장 위대한 시인으로 칭송받았던 V. 마야콥스키의 『머나먼 곳의 하찮은 철학』이라는 작품집의 한 구절이다. 이러한 '무상無常'의 사고방식은 그리스 철학에도 있었고, 불교의 수많은 개념 중에서 일본인이 가장 매력을 느끼는 세계관이기도 할 것이다. 시간의 흐름에 바래면 '모든 게 변하고' '덧없는' 것이다.

조금 있으면 새해가 오는 것과 동시에 세기가 바뀐다. <sup>이 글은</sup>

2000년 12월에 쓴 것이다. 새 천년은 이미 올해 초에 시작되었다. 그렇다고 해도 고양이 다섯 마리, 개 두 마리, 금붕어 두 마리와 함께 살다 보면 "그게 뭐?" 하는 기분이 든다. 인간은 자기들이 멋대로 정한 시간 단위에 따라 지나치게 소란을 떨고 흥분하고 있을 뿐이라는 생각이 들어서 말이다.

세계의 유력한 나라들이 채택한 서력西曆이라는 시간 구분법, 시간을 헤아리는 법에 따라 기원 원년부터 따져 보면 이제 곧 2001년째를 맞게 된다. 다들 잘 알고 있듯이, 서력의 원년은 예수가 탄생한 해로 정해져 있다. 이 달력은 525년에 고안되었고, 실제로 로마 제국 내에서 공식적으로 사용된 것은 더 훗날인 532년, 유스티니아누스 1세 때부터였다.

이 역법은 그리스도교의 보급과 보조를 맞춰 다른 지역에 퍼졌기 때문에, 11세기에 그리스도교 교회가 동서로 분열되고 나서는 같은 그리스도교권 내에서도 달력이 서로 달라진다. 지금도 그리스나 러시아, 세르비아 등 동방교회의 계통을 이어받은 정교권의 나라들은 예수의 탄생일을 12월 25일이 아니라 2주 늦은 1월 7일에 기념하고 있다.

그런 까닭에 우리가 지금 당연한 듯이 사용하는 서력은 가톨릭, 프로테스탄트 등 서방 교회 계열의 그리스도

교를 문화적 지주로 삼는 서유럽 국가들이 정통으로 여기는 달력이다. 서유럽 각국이 16세기 이후 세계 곳곳에 진출해 식민지를 만들고, 19세기에 세계적으로 지배권을 확립하기 전까지 세계 각지에서는 나름대로의 방법으로 시간을 헤아렸다.

또한 지배자나 왕조가 군림한 기간에 그의 이름이나 왕조의 명칭을 붙이는 경우가 많았다. 일본에서도 메이지 시대 이후부터 그때그때 천황의 생존 기간에 따라 달력을 구분 지어, 지금도 서력과 함께 사용하고 있다.

사람 둘이 만날 때에도 시간 헤아리는 법이 서로 다르면 불편할 수밖에 없다. 세계 각지의 정치, 경제의 상호 의존 관계가 깊어진 만큼 시간도 공통되지 않으면 곤란하지만, 결국 시각을 맞출 때에는 힘이 강한 쪽을 따르는 것으로 귀결되곤 한다.

재밌는 일은 현재 발행된 거의 모든 역사 연표나 백과사전에 예수가 진짜 탄생한 해는 서력 원년보다 4년이나 전이라고 기록되어 있다는 점이다.

시간을 헤아리는 방법과 명칭을 정할 때 정당성을 주장하기 위해서는 그에 상응하는 설득력 있는 유래와 경위, 주장하는 쪽의 지배력과 영향력이 필요하다. 하지만 시간은 한번 정해지면 그것을 수용한 모든 나라와 모든 사람의 것이 되고 만다. 그 근거 자체가 없어졌다고 해도 쉽사리 바꿀 수 없게 된다.

# 낮잠의 합리성

　"초등학교나 중학교는 모처럼의 여름방학에 아이들을 숙제로 절여놓고, 학원이나 대학은 꼭 미친 듯이 더울 때를 골라서 여름 강좌를 열어. 일본인은 꽤나 가학적인 구석이 있단 말이야."

　늘 이렇게 큰소리를 치던 나에게 반년 전 삿포로에 있는 대학에서 여름 강좌 의뢰가 들어왔다. 인간이란 이기적인 동물인지라 나는 "한여름의 홋카이도라니, 이상적이야!" 하며 기꺼이 수락했다. 하지만 실제로 그 시기가 되니 하필 삿포로에 도쿄를 능가하는 기록적인 무더위가 이어져, 평소 하고 다녔던 말에 대한 벌을 받는 모양새가 되고 말았다. 강의를 하는 쪽도 그렇지만 듣는 쪽은 아마 재난이었을 것이다. 특히 점심식사 후 수업 시간은 교단에서 교실을 한 바퀴 돌아보면 여기저기에서 학생들이 꾸벅꾸벅 졸거나 아예 대놓고 자는 모습도 보인다. 하지만 너무나 곤히 자는 모습에 주의를 주기도 미안하다. 점심 식사 후 자연스레 눈꺼풀이 무거워지면서 꼼짝없이 잠에 빠져들 때의 쾌감, 그리고 깨어날 때의 청량감은 버리기엔 아깝다.

회의 통역을 하면서도 오후 회의가 막 시작할 즈음에 는 발표자와 사회자, 통역사 외에는 회의장 전체가 졸고 있는 경우가 많다. 한번은 발표자의 이야기가 너무 길어 지자 사회자까지 잠들어버려, 마이크에 대고 코를 골았던 적도 있다.

이렇게 수마睡魔에게 습격당하는 시간대는 아무리 생 각해도 강의나 회의에는 맞지 않다. 괜히 발버둥치지 말 고 그 시간대를 낮잠 시간으로 정하는 편이 훨씬 효과적 이지 않을까.

그런 점에서 남부 유럽과 중남미 각국에서 일제히 낮잠 을 자는 풍습인 '시에스타'는 다시 생각해볼 필요가 있다.

고대 로마 사람들은 해가 떠서 질 때까지의 시간을 4등 분해서 오전 6시부터 9시쯤까지를 프리마(제1), 9시부터 정오 무렵까지를 텔시아(제3), 정오부터 오후 3시쯤까지를 시에스타(제6), 오후 3시부터 오후 6시쯤까지를 노나(제9) 라고 불렀다고 한다. 점심식사를 마친 뒤, 햇빛이 가장 강 한 시에스타라는 시간대에 사람들은 휴식을 취하게 되었 다. 이 시간대에 중세 그리스도 교회와 수도원이 오후 미사를 집행하게 된 것에서 시작되었다고도 하지만, 오히려 점심식사 뒤에는 졸음이 쏟아진다는 자연의 이치에 발목이 잡혀 생겨난 풍습이 아닐까.

10년쯤 전에 이탈리아나 스페인을 여행하면 상점가가 오후 1시부터 4시가 지날 때까지 일제히 셔터를 내리는 광경을 자주 목격했다. 사무소나 공장도 오후 휴식에 들어갔다. 종업원들은 집에 돌아가 풀코스로 점심을 먹고, 한숨 자고 나서 회사로 돌아왔다.

그런데 근대화랄까 세계가 효율 일변도로 돌진하는 엄청난 기세에 언젠가부터 남부 유럽에서도, 라틴 아메리카 각국에서도 도시에서는 더 이상 시에스타를 볼 수 없게 되었다. 동시에 점심식사도 시시할 정도로 간소해지고 있다.

확실히 경영의 관점에서 생각해보면, 기계 설비를 멈추거나 종업원이 자택과 회사를 하루에 두 번이나 왕복하는 것은 불합리할지도 모른다.

그러나 인간의 생리를 중심으로 생각하면, 특히 한창 더운 여름날 점심식사 뒤의 수면은 이치에 맞다. 누구라도 마룻바닥 위에서 대大자로 누워 잤을 때의 상쾌함을 기억하고 있을 것이다. 거기에 잠에서 깬 뒤 맑아진 머리나 나른했던 몸이 가벼워지는 감각을 떠올려보라. 공부를 하거나 업무를 볼 때 낮잠을 자는 쪽이 훨씬 효율이 높을 것 같지 않은가.

　최근 유럽과 미국을 따라 서머타임 제를 도입하자는 목소리가 높아지고 있지만, 그런 것보다는 시에스타를 도입하는 게 인간의 몸에도 바람직하고, 궁극적으로는 가장 합리적이지 않을까 싶다.

# 사막의 맥주

텔레비전에서 흐르는 맥주 광고가 몹시 눈길을 끄는 계절이 되었다. 광고처럼 눈부시게 쏟아지는 태양을 받으며 잔뜩 땀을 흘리고, 알맞게 차가워진 맥주를 꿀꺽꿀꺽 들이켜면 얼마나 기분이 좋을까.

하지만 대도시에 사는 내 주변 환경은 탈것에도 건물에도 에어컨이 전부 설치되어 있어서, 그만큼 바깥 공기는 안에서 배출된 열기로 더욱 뜨거워진다. 그 참기 힘든 무더위 때문에 역시 맥주가 마시고 싶어진다.

그렇다고 해도 맥주라는 음료가 세계를 석권해가는 속도는 어마어마할 정도다. EU의 여러 나라에서는 다음과 같은 말을 상식이라고 우기는 사람도 적지 않다.

"국가라고 칭하는 이상, 자기 나라 국기를 단 항공사 하나쯤 갖고 있지 않으면 얘기가 안 되지. 물론 제대로 된 프로 축구팀이 몇 개 있고 핵무기를 보유하는 것도 국가

다움의 상징이 될지도 모르지만, 그런 건 그리 대단한 것도 아니야. 최소한 맛있는 자국산 맥주가 없는 곳은 국가라고 부를 수 없지."

20년 전까지만 해도 '술이라면 보드카' '맥주 따위는 술에 낄 수도 없다' 하고 떠들던 러시아인의 맥주 섭취량도 최근에는 비약적으로 늘어나고 있다. 지금까지 본격적인 맥주 산업이 없었던 러시아 시장이 열린 것을 계기로 외국의 맥주 자본이 대거 몰려들어 잠재적 소비자를 대량으로 개척한 덕도 있다. 알코올 도수가 낮아 마시기 쉽고 가격이 싸다는 점도 어필해, 보드카에는 몸을 사리던 여성들까지 즐겨 마시게 되었다. "보드카가 입에 넣는 난방이라면, 차가운 맥주는 입에 넣는 냉방이다"라는 명문장까지 탄생했을 정도다.

맥주의 전 지구적 확대에 주목한 남자가 크게 한몫 잡을 계획을 세웠다.

"맥주는 여름에 제일 많이 팔리지. 그렇다는 건 더운 곳에 가져가면 언제든지 팔 수 있다는 얘기야. 좋았어, 사하라 사막에 맥주 가게를 열자."

"잠깐! 거기엔 사람이 거의 없잖아" 하고 동료가 필사적으로 말렸지만, 남자는 말을 들으려고 하지 않았다.

"분명 사러 오는 사람은 얼마 안 되겠지. 그 대신 돈을 아까워하지 않고 값을 치를 게 틀림없어. 가격을 끌어올릴 수 있을 만큼 끌어올리겠어."

"맥주는 박리다매가 생명이잖아. 그런 바보 같은 꿈, 빨리 잊어버려."

"아니, 나는 고위험, 고수익에 걸어볼 거야."

그렇게 말을 남기고 남자는 한 달 뒤, 오아시스에서 한참 떨어진 사하라 사막 한가운데에 그토록 바라던 맥주 가게를 열었다. 헬리콥터로 맥주 통을 공수했고, 그 맥주 통을 태양광 발전을 이용한 대형 냉장고로 식히는 대대적인 설비 투자에 자기 재산을 모조리 쏟아부었다.

일주일이 지나도 손님은 오지 않았지만, 남자는 기죽지 않았다. 그에 대한 손해는 처음부터 예산에 반영해두었기 때문이다. 이 주째도 절반이 지났을 무렵, 카라반<sup>사막이나 초원에서 낙타나 말에 짐을 싣고 떼를 지어 먼 곳으로 다니면서 특산물을 교역하는 상인의 집단</sup> 부대가 이 지역을 지나갔다. 화려한 맥주 가게 깃발을 높이 올리고, 확성기로 열렬히 호객 행위를 했지만, 부대는 도망치듯 사라졌다. 그다음 주에는 두 번 정도 카라반 부대가 지나갔지만, 역시 남자의 필사적인 호객에는 아무 반응이 없었다. 이후 일주일에 두세 번은 카라반 부대가 가게 옆을 통과했지만, 다들 마치 역병 신이라도 피하듯 맥주 가게를 돌아갔다.

남자가 절망에 빠졌을 무렵, 드디어 한 카라반 부대에서 낙타를 탄 사람이 대열에서 벗어나 가게 가까이에 왔다.

"알맞게 차가워진 맛있는 맥주예요."

남자는 찰랑찰랑하게 맥주를 가득 따른 잔을 들고 목소리를 쥐어짜며 호소했다. 하지만 낙타를 탄 사람은 남자를 뿌리치며 지나가려고 했다. 남자는 붙들고 늘어졌다.

"맛있는 맥주라고요. 부탁이오, 돈을 안 내도 좋으니 마셔줘요!"

낙타 위에 올라탄 사람은 양손으로 얼굴을 감싸더니, 소리 높여 울기 시작했다.

"제발 그만 좀 해! 그놈의 환영幻影 정말 끈질기구먼!"

# 커뮤니케이션의 양과 질

텔레폰, 텔레비전, 텔레파시의 '텔레'의 어원은 그리스어로 '멀다'라는 뜻이다. 벨이 전화라는 통신 수단을 개발했을 때가 1870년대. 그 전까지는 멀리 있는 사람들의 목소리를 들으려면 직접 만나는 수밖에는 없었으니, 이 발명은 역사적이고 획기적인 사건이라고 할 수 있다.

이후 현재에 이르기까지 개발된 통신 수단의 진화와 보급의 역사를 보면 눈이 휘둥그레질 수밖에 없다. 이제 소리뿐만이 아니라 영상까지 놀랍도록 정밀하고 선명하게 주고받을 수 있으며, 지구 뒤편에서도, 우주에서도, 이동 중에도, 아이도, 노인도 자유자재로 통신 기기를 다룰 수 있다.

21세기 돌입을 앞두고 팩스와 인터넷, 휴대전화를 비롯한 통신 분야야말로 가장 전망이 밝은 인기 상품 부문이라며 장밋빛 꿈을 그리는 사람들도 많다.<sup>이 글은 2000년 10월에 쓴</sup>

<sup>것이다.</sup> 총리는 얼마 전 소신 표명 연설에서 IT 혁명 촉진을 위해 국민운동을 전개한다고까지 큰소리를 쳤다.

16년 전 한겨울의 시베리아를 횡단했을 때 레나 강 부근의 야쿠츠크라는 도시에 한 달 정도 머문 적이 있다. 레나 강의 수원은 바이칼 호수 가까이에 있고, 북극해에 흘러들기까지 강의 길이는 4270킬로미터로 일본에서 가장 긴 시나노 강의 약 열두 배에 이른다. 야쿠츠크 부근에서 강의 폭은 18킬로미터에 이를 정도니, 물론 건너편 강기슭은 보이지 않는다. 마치 해변에 선 듯한 기분이 든다.

레나 강은 광물 자원이 풍부하고, 밀림에서 벤 목재를 북에서 남으로 옮기는 수로로도 이용되지만, 이는 6월부터 9월까지 겨우 넉 달 동안뿐이다. 10월이 되면 아직 다 얼지는 않았어도 여기저기에 떠다니는 얼음덩어리가 운반을 방해해 위험하기 때문이다.

레나 강이 얼음에 갇히는 때는 11월 초부터 5월까지 일곱 달 동안이다. 그렇다고 해서 스케이트 링크처럼 표면이 평평하지도 않다. 얼어 있는 강에, 상류에서 얼음덩어리가 섞인 물이 밀어닥치며 얼기 때문에, 결국엔 얼음 암석이 치솟은 듯 표면이 울퉁불퉁해진다. 2월에는 얼음도 두껍고 단단해져서 제빙차로 울퉁불퉁한 표면을 고르게 해 레나 강 횡단용 자동차 도로를 만든다. 다리가 없는 레나 강에 이렇게 겨울 동안만 '천연 다리'가 완성된다.

4월이 되면 이 다리도 폐쇄된다. 따뜻해지면 얼음이 불안정해지기 때문이다. 5월엔 얼음에 금이 가기 시작한다. 수량도 점점 늘어난다. 레나 강이 범람하면 수위가 10미터에서 15미터까지 올라갈 때가 있다. 그런 레나 강에 두께 2미터에서 5미터의 얼음덩어리가 강 양쪽 기슭의 나무를 넘어뜨리고, 모래톱을 가르며 돌진한다. 교량 따위는 버티지도 못할 것이다. 그래서 강에는 다리가 없다.

그런데 12월 초의 밤, 한참 레나 강을 횡단하고 있을 때였다. 운전기사가 갑자기 버스를 멈추고 우리에게 말을 걸었다.

"히치하이크를 하는데, 태워도 될까요?"

"물론이죠."

젊디젊은 두 여자가 차에 올라탔다. 건너편 강기슭까지 새까만 강 표면을 걸어서 건너가려던 참이었다고 한다.

"기다리다 지쳐서 어쩔 수 없었어요. 건너편에 있는 친구와 마지막으로 만난 게 올해 3월이었거든요. 겨우 얼음이 안정돼서 건널 수 있게 되었으니 더는 참지 못하고 나와버렸어요."

"건너편 사람들과 전화로는 소식을 주고받나요?"

"전화는 마을에 세 대밖에 없어요. 집에도 물론 없고요."

시부야 번화가를 걸으며 쉴 새 없이 휴대전화로 수다

를 떠는 젊은이를 보고 있노라면 왠지 16년 전에 레나 강 얼음 위에서 만났던 두 여자가 떠오른다.

그리고 문득 생각한다. 커뮤니케이션에 있어서 아직 양과 질은 반비례하는지도 모르겠다고 말이다.

# 에티켓

'국제파'를 자임한다는 일본의 어느 전 총리가 부인과 함께 러시아 정부 요인要人 부부와 간담을 나누는 자리에 통역으로 동석한 적이 있었다. 전 총리는 키도 크고 꽤 잘 생겨서 연미복이 잘 어울렸고, 언변도 일본인 정치가 중에서는 드물게 간결해 통역하기 쉬웠다. 악수도 무척 당당하게 했다. 하지만 어딘가 달랐다. 위화감이 느껴졌다. 가만히 생각해보니 악수하는 자세 그 자체에는 문제가 없었지만, 러시아 쪽 부인은 놔두고 요인과 먼저 악수를 해버렸다. 요인도 부인도 당황한 기색이 역력했지만, 그 부분은 어디까지나 초대받은 쪽이니 로마에서는 로마법을 따라야 한다는 생각인 듯했다.

거기에 작은 체구의 총리 부인이 세 걸음쯤 물러서서 고개를 숙이고 있는 모습도, 긴소매 드레스에 팔꿈치까지 닿는 긴 장갑이 어색한 것처럼 꼴사나운 모양새였다. 더

비참했던 건 칵테일파티 회장에서 저녁식사 장소로 이동하는 동안에 거대한 몸집의 전 총리가 큰 보폭으로 성큼성큼 걸어가는 것을 작은 체구의 부인이 넘어질 듯이 필사적으로 쫓아가는 모습이었다.

이럴 때면 안절부절 조바심이 난다. 일본에서 외국 손님을 초대할 때는 유럽을 어설프게 흉내 내지 말고 순 일본식으로 해버리면 차라리 보기 좋을 텐데 하는 생각이 들곤 한다.

원래 커플끼리 만날 때는 먼저 여자들끼리 악수하고, 다음에 여자 쪽에서 상대편 남자에게 악수를 청하고, 마지막으로 남자들끼리 악수하는 것이 에티켓이다. 이것은 악수를 일상적인 인사 수단으로 삼아온 역사가 긴 서양의 방식이다. 그 뿌리에는 기사도 정신에서 나온 '레이디 퍼스트'라는 미학이 있다. 물론 그것이 반드시 여성에 대한 경의의 표시라고는 할 수 없다. '여성은 세 걸음 물러서서'라는 미의식이 반드시 남존여비를 의미하는 것은 아니듯이 말이다. 처음에는 그러한 의도를 품고 있었을지도 모르지만, 실제 현장에서는 이미 자동적으로 나오는 격식이 되었다.

많은 사람이 경험하지 않았을까 싶지만, 유럽 거리에서 버스나 전철을 타면 알게 모르게 남자가 일어나서 자리를 양보해준다. 엘리베이터 앞에서 여자가 타기 전에 남자들은 먼저 발을 들여놓지 않고 기다리고 있다. 좋고 나쁘고의 문제가 아니라, 그렇게 하지 않고는 견딜 수 없고 마음이 안정되지 않을 정도로 습관이 된 것이다.

지네가 100개나 되는 다리를 황홀할 정도로 멋지게 부리며 걷고 있는 것을 보고 "잘도 엉키지 않고 걷네요. 그렇게 많은 다리를 어떻게 조종하는 건가요?" 하고 물어보자마자, 지네는 순간 멈추다가 다리가 꼬여 자빠지고 말았다는 유명한 우화가 있다. 지네뿐만 아니라 인간의 행동과 말 대부분이 무의식적이고 저절로 나오는 조합으로 구성되어 있다.

물론 처음에는 의식적으로 배우지만, 수없이 반복하는 동안에 습관이 된 것이다. 예를 들어 부모가 자식에게, 유치원 선생님이 아이들에게 처음에는 이렇게 철저히 가르친다.

"도로를 건널 때는 횡단보도를 이용해야 해요. 그러기 전에 제대로 신호를 확인하고 빨간불일 때는 건너면 안 돼요. 차에 치여버리니까요. 차에 치이면 크게 다치거나, 죽을지도 몰라요. 신호가 녹색이 되면 차가 멈추니까 그때 건너야 해요."

이런 식으로 우리는 언제부터인가 빨간불이 되면 일일이 생각하지 않아도 멈춰 서게 된다. 이렇게 패턴화한 사고와 행동을 심리학에서는 다이내믹 스테레오타입이라고 부른다.

그리고 이異문화, 즉 다른 패턴 체계와 접할 때, 우리는 무의식적으로 패턴화한 사고와 행동을 갑자기 의식하게 된다. 러시아인인 여자 친구는 일본에서 처음 전철을 탔을 때, 남자들 중 어느 누구도 자기에게 자리를 양보해주지 않는 것에 큰 충격을 받았다. 하지만 일본에 오래 머물면서 그녀 나름대로 이해하게 되었다.

"일본 남자는 일을 너무 많이 해. 녹초가 되니 통근하는 전철 안에서 자리를 양보할 여유가 없지."

# 규칙의 변용

"거기 젊은이."

몇 년 전 방송 취재로 시베리아에 있는 교회를 방문했을 때의 일이다. 입구 바로 앞에서 취재 스태프들과 함께 불러 세워졌다.

"저희요?"

"그래, 당신들 말이야."

풍성한 스카프를 머리에 두른 할머니였다.

"그렇게 젊지는 않은데요."

"그런 건 아무래도 상관없어. 그것보다, 뭐야? 그 머리는."

"네?"

"당신들, 교회에 모자를 쓴 채로 들어가는 건 신에 대한 모독이야. 하여튼 이교도들이란…… 아아, 무서워라."

할머니는 그렇게 말하며 악령이라도 쫓듯이 몇 번이고

십자를 그었다. 스태프 모두가 모자를 벗었음은 말할 것도 없다. 좋은 충고를 해준 것에 감사하며 드디어 교회 안으로 들어가려는 차에 또다시 그 할머니가 불러 세웠다.

"자, 잠깐만, 거기 아가씨!"

그 충고하는 듯한 눈초리는 나에게 쏟아지고 있었다. 음, 아가씨라니, 설마.

"저 말씀이세요?"

"그래, 당신."

"무슨 일이신지?"

"그 머리."

"네, 모자 벗었는데요."

"당신, 교회에 아무것도 안 쓰고 들어가는 건 신에 대한 모독이야."

"하지만 좀 전에……" 하고 말하면서 스태프 모두가 일제히 모자를 썼다. 할머니는 서둘러 덧붙여 말했다.

"당신들, 정말 상식이라고는 찾아볼 수가 없군. 뭐, 이교도들이니 어쩔 수 없지만."

그러더니 교회 안에서 남자는 모자를 벗고, 여자는 무언가 써서 머리를 감춰야 한다는 규칙을 알려주었다.

마침 부활절 미사가 열리는 날이라, 교회 안은 여자들이 쓴 스카프들로 뒤덮여 화려하고 선명한 만화경처럼 보였다.

"왜 러시아 정교 교회 안에서는 남자는 모자를 벗고, 여자는 머리를 가려야 하는 거죠?"

그 의문을 풀기 위해 귀국한 뒤 오차노미즈에 있는 니콜라이 성당에 전화를 걸었다. 일본에 있는 러시아 정교 최고 성직자의 대답은 어이없을 정도로 단순명쾌했다.

"그런 규칙도 약속도 없습니다."

아무래도 교회 당국이라 표면적인 답변밖에는 들을 수 없을 것 같아서, 자주 교회에 나가는 경건한 정교도인 친구 U에게 앞의 이야기를 들려주며 확인해봤다.

"일본 그리스 정교회 교회에 그런 풍습이 없는 건 확실해."

왜인지는 몰라도 일본의 정교회 신자 사이에는 교회 안에 입장할 때, 반드시 외투를 벗어야 한다는 불문율이 있다고 한다.

"이번에 이 교구로 옮겨온 T 씨는 좋은 대학도 나왔고, 훌륭한 회사에서 일한다는데 정말 교양이 없지 뭐야. 지난번엔 외투를 입은 채로 교회에 들어오지를 않나, 거기다 그대로 제단 앞까지 나가버렸으니 말이야."

이렇게 엄청나게 평판이 깎인 신도까지 있다고 한다.

하지만 본고장인 그리스나 러시아에는 이런 규칙이 없다.

"같은 종파라도 각 나라의 풍속에 맞춰 규칙은 변용되는 거겠지."

U의 말이 맞긴 해도 인간이란 하나하나 세세하게 규칙을 만들어 자기 자신을 옭아매기 좋아하는 생물이다.

# 돈의 영역

"I의 불륜에 대해 어떻게 생각하십니까?"

여성주간지 기자라고 자신을 밝힌 사람에게 전화로 갑작스럽게 그런 질문을 받으니 나로서는 당황할 수밖에 없었다.

"저는 I에게 배우로서도, 남자로서도 전혀 매력을 못 느꼈고, 어차피 저에게는 생판 남이니까 불륜을 하든 말든 아무래도 상관없는데요"라고 대답하는 게 고작이었다. 기대에 어긋난 대답을 들은 상대는 허둥지둥 전화를 끊었다.

그렇다고 해도 이상하다. 텔레비전을 켜도, 주간지 기사 제목을 훑어봐도 유명인의 스캔들이나 가십 같은 '미담'이 흐르지 않는 날이 없다. 요즘 세상은 인기인이 되는 대가로 본업과는 상관도 없는 사생활을 노출해야 하는 모양이다. 아니, 오히려 특출한 재능도 없으면서 사생활을

야금야금 팔아먹는 것으로 겨우 연예계에 붙어 있는 사람이 얼마나 많은가. 그들은 결국 팔아먹을 사생활도 바닥이 드러나면 외면당하고 잊힌다.

연예인뿐만이 아니다. 일단 사건의 피의자나 피해자로 대중의 시선을 모으면, 매스컴은 사생활에서 아무 근거도 없는 소문에 이르기까지 온갖 정보를 문자 그대로 물고 늘어진다. 그렇게 연일 요란 법석을 떨던 비소 카레 사건 <sub>1998년 7월 25일 와카야마 현 여름 마을 축제에서 카레를 먹은 지역 주민 67명 중 4명이 독극물인 비소 중독으로 사망한 사건</sub>과 보험금 사기 사건의 피의자에 대해 지금의 매스컴은 아무 일도 없던 것처럼 조용히 입을 다물고 있다.

정보의 소비 사이클이 점점 빨라지고 있는 듯하다. 이런 일을 생각하면 꼭 떠오르는 광경이 있다.

푸조 씨는 아무리 참아도 솟아오르는 기쁨에 입가에 웃음이 비어져 나왔다. 2층 특별석, 게다가 무대가 정면으로 보이는 특등석에 어머니를 앉히고 그 옆자리에 자신도 앉으니 극장 곳곳에서 호기심과 선망이 섞인 시선이 쏟아지는 것이 느껴졌다. 그 눈부신 시선도 상쾌했다. 이 좌석에 앉으려면 자기 공장의 여공이 1년 동안 일해 모은 임금의 열 배는 내야 한다. 여기까지 올라오기 위해 얼마나 갖은 고생을 하며 버텨왔던가. 그 수고를 보답받는 순간이었다.

더없이 행복한 만족감에 잠겨 있던 푸조 씨가 나락으로 떨어진 것은 무대의 막이 오르려는 순간이었다. 누군가 자신의 어깨를 막대기 끝 같은 것으로 쿡쿡 찔러 뒤를 돌아보니, 그곳에는 드 니용 백작 부부가 거만한 자세로 꼿꼿하게 서 있었다. 게다가 막대기 끝으로 푸조 씨의 노모까지 몰아내려 했다. 굴욕감과 억울함에 온몸의 피가 거꾸로 솟는 기분이었지만 푸조 씨는 자리를 양보할 수밖에 없었다. 18세기 후반의 프랑스에서 제3신분인 부르주아는 아무리 유복해도 귀족 앞에서는 어떤 권리도 주장할 수 없었다. 귀족의 특권은 돈의 힘이 미치지 않는 성역이었다.

이 불합리한 모순을 깨뜨린 계기가 바로 프랑스 대혁명이었다. "법 앞에서 만인은 평등하다." 지금 생각하면 지극히 당연한 이 원칙이 세워지기 위해 프랑스뿐만이 아니라 수많은 나라에서 피를 흘려야 했다.

하지만 만인이 법적으로 평등한 사회는 그와 동시에 만물이 돈의 위력으로부터 도망칠 수 없는 사회가 되었다. 모든 것이 상품이 되고 소비의 대상이 된다. 어떤 권위나 신비도 돈으로 환산되고 평가되면서 그 베일이 벗겨진다.

왕후 귀족의 사생활 또한 예외가 아니었다. 다이애나 비를 죽음으로 몰아넣은 것도, 그 사건이 세상 선남선녀의 눈물을 훔치게 한 까닭도 그녀에 관한 정보에 글로벌

한 상품 가치가 있었기 때문이다.

몇 년 전만 해도 공짜였던 것이 언제부터인가 유료가 되었다. 교사가 학생을 평가할 때 사설 모의고사를 이용하고, 아이가 놀고 싶을 때는 게임기를 찾는다. 장래에 대한 불안은 보험으로 해소하고, 노래를 부르는 즐거움까지 노래방이 차지하고 말았다. 이미 장기臟器 비즈니스까지 등장했다.

프랑스 혁명으로부터 2세기가 넘게 지난 지금, 그 당시 인류가 얻어낸 성과에도 슬슬 손질이 필요하다. 돈벌이 대상에서 제외해야 할 성역을 마련할 시기가 온 것이 아닐까.

# 일본의 난방

"도쿄의 겨울이 이렇게 추울 줄은 상상도 못했어."

일본에 부임해온 러시아인은 이구동성으로 이렇게 말한다.

"모스크바나 페테르부르크보다 훨씬 추워. 시베리아보다도 더 추워서 손발이 얼 것 같다니까."

거짓말도 농담도 아니다. 사실 나도 평균 기온이 영하 20도인 겨울의 러시아에서 며칠간 머물다 도쿄 자택으로 돌아올 때마다 이렇게 중얼거린다.

"아, 모스크바는 따뜻했구나."

미국인 W. 셸던도 『일본을 즐기자』라는 책에서 이렇게 쓰고 있다.

> 도쿄의 여름은 워싱턴처럼 무덥다. 겨울은 라플란드<sup>스칸디나비아 반도와 핀란드의 북부, 러시아 콜라 반도를 포함한 유럽 최북단 지역</sup>에 뒤

지지 않을 정도로 춥다.

다만 "단, 일본식 가옥에 살 때의 얘기지만" 하고 단서를 달아놓고는 있다. 그렇다. 도쿄의 겨울이 춥다는 건 기후가 아니라, 일본식 가옥 구조 탓인 것이다.

일본 가옥은 우선 나무 들보와 기둥으로 이루어진 뼈대가 지붕을 받치고 있으며 (…) 우리가 보통 생각하는 개념의 창이나 문도 없다. 사방의 벽 가운데 세 곳은 언제라도 옆으로 밀 수 있으며, 완전히 떼어낼 수도 있다. (…) 벽을 떼어내면 집은 일종의 정자가 된다. (강조는 인용자)

이것은 1960년대에 도쿄에 특파원으로서 체류했던 V. 오브친니코프의 일본론 『벚꽃 가지』 가운데 한 구절이다.

일본식 가옥은 무더운 여름을 편하게 나기 위해 바람이 잘 통하도록 지어졌다. 그렇기 때문에 일단 겨울이 되면 역효과가 난다. (…) 중앙통제식 난방이나 난로가 갖춰져 있지 않고, 태양과 날숨으로 공기가 따뜻해지며, 외풍으로 환기가 된다. (…) 햇볕 쬐기를 대신하는 것은 최근까지도 화로밖에 없었다. 화로라는 것은 타다 남은 목탄 한 줌이 들어 있는 단지로, 이 재떨이와 페치카<sub></sub>벽면에서 나오는 방사열을 이용하는 러시아식 난방 장치 중간쯤 되는 잡종 곁에 있어봤자 손끝이 따뜻해지는 게 고작이다. (…) 타고 남은 목탄이 든 단지에 격자를 씌워 앉은뱅이책상 아래에 두고 그 위에 이불을 덮으면 고타쓰라는 이름의 또 하나의 전통적 난방기구가 된다. 사람들은 양 발을 이불 속에 넣고 고타쓰 주변에 앉아 저녁식사를 하는 등 단란한 시간을 보낸다. 최근에 나온 전기 고타쓰는 숯불 대신 적외선 램프가 들어 있다. (…) 일본 주택의 전통에는 집 전체를 난방한다는 생각 자체가 없었고, 손발을 따뜻하게 해야 한다는 생각이 있을 뿐이었다. (강조는 인용자)

이렇게 결론 내린 오브친니코프는 다음 단락에서 사실 일본에도 전신 난방이 있었음을 언급한다.

이것은 특히 겨울철에 하루 중 가장 따뜻해질 수 있는 단 하나의 방법이라고 감히 말할 수 있다. (…) 일본인의 일상생활에서 엄청나게 뜨거운 물을 가득 채운 속이 깊은 커다란 통에 기분 좋게 잠겨 있을 때만큼 기쁜 일은 없을 것이다.

그런가, 목욕이 난방이었던가. 오브친니코프가 일본을 그렸을 무렵으로부터 어느덧 40여 년이 흘러, 화로는 일상생활에서 거의 모습을 감추었다. 고타쓰도 곧 같은 운명을 맞게 될지도 모른다.<sup>이 글은 1999년 1월에 쓴 것이다.</sup>

급속하게 서양식으로 변한 일본 가옥은 더 이상 여름의 무더위에 대비해 통풍을 우선하지 않게 되어, 사람들은 창을 굳게 닫고 에어컨을 틀어놓은 채로 생활하게 되었다.

바로 일주일 전쯤 러시아에서 온 피아니스트 A가 도쿄의 일류 호텔에 머물며 초<sup>超</sup> 근대적 콘서트홀을 오가는 하루하루를 보내면서 불만을 늘어놓았다.

"일본 건물들은 어디를 가도 외풍이 숭숭 들어와. 금세 감기에 걸렸어."

이 말에 『벚꽃 가지』의 다음 구절을 떠올리고 말았다.

아무래도 일본인은 겨울 동안 집 안이 참을 수 없을 정도로 추워도 아무렇지도 않게 된 것 같다.

혹시 일본인에게 외풍에 대한 내성이 아직 남아 있지는 않을까. 바로 얼마 전까지의 '환경 친화적인 생활'로 다시 돌아갈 수 있을지도 모른다.

# 기억과 창조력

음악(music)이나 미술관·박물관(museum)이라는 단어의 어원이 된 무사(Musa, 영어로는 Muse)는 그리스 신화에 등장하는 여신들의 호칭이다. 여신들은 음악, 무용, 시가, 문예, 학문 등을 맡았다. 마음에 든 시인과 음악가에게 영감을 불어넣기도 했지만, 기고만장한 예술가에게는 무시무시한 벌을 내렸다고 한다.

마케도니아 펠라 지방의 아홉 자매의 왕녀들은 불손하게도 무사들과 노래로 겨루고자 한 탓에, 완패한 것은 물론 수다쟁이 까치로 변하고 말았다. 트라키아 지방의 음악가 타뮬리스는 "나의 하프 연주 실력은 무사도 당해낼 수 없을 것이다"라고 자랑했다가 하프 연주 기술뿐만 아니라 시력까지 빼앗기고 말았다.

무사들에 대해 알려진 것은 이런 사례 이외에 피리의 달인 사티로스가 아폴론과 음악 솜씨를 겨뤘을 때 심판을 맡았다는 정도의 에피소드밖에 없다.

그녀들 밑에는 재산이나 권력, 출신 성분이 아니라 지혜와 재능을 무기로 사는 사람들, 지금으로 말하면 프리랜서라는 범주에 속하는 사람들이 있었다. 이와 동시에 그들의 작업은 수준과 규모를 문제 삼지 않는다면 어떤 직업이나 신분의 사람이라도 모두 즐길 수 있는 종류의 것이었다. 이렇게 많은 사람들의 오락과 취미와 위안이 된 분야에 출중하다는 것은 옆에서 보면 즐거워 보이고 부러움의 대상일지도 모른다. 그러나 그들은 끊임없이 혹독하고 고독한 싸움을 할 수밖에 없는 처지다. 그리스 신화에서는 그다지 인상적으로 등장하지 않았음에도, 그 후 많은 시인이 무사들의 이미지의 포로가 된 까닭은 그 때문이다. 무사는 홀로 신음하는 시인과 작곡가에게 영감을 부여하는 역할로 근현대 유럽 시문학에 빈번하게 등장한다.

무사들의 태생과 숫자에 대해서는 여러 가지 설이 분분하지만, 현재로는 헤시오도스의 주장이 유력하다는 사람이 많다. 헤시오도스는 고대 지중해 세계에서는 호메로스와 인기를 나눠 가졌던 서사시인이다. 헤시오도스는 『신통기神統記』에서, 자신이 시인의 길에 들어선 이유도 소년 시절 목동으로서 헬리콘 산기슭에 있던 어느 날, 무사와 만나 시의 혼을 빨아들였기 때문이라고 이야기했다.

『신통기』는 호메로스의 작품 등에서 단편적으로 소개되었던 신화와 전설, 역사적 사건을 좀 더 체계적으로 정리한 책이다. 이 책에 의하면 무사들은 올림포스 신들의 우두머리인 만능 신 제우스와 기억의 여신 므네모시네 사이에서 태어난 아홉 자매라고 한다.

로마 시대에 무사들의 분업이 진행되어 서사시, 서정시, 역사, 비극, 희극, 합창 무용, 독창, 송가, 천문으로 당시 주요 예술과 학문 아홉 부문이 각각 할당되었다. 이 사실 자체가 당시 사람들에게 학문과 예술의 경계선이 아직 분명하지 않았음을 시사한다는 점이 무척 재미있다. 그 후 학문은 과학이라는 말로 더 많이 불리고, 더욱 세분화되어 예술과는 멀리 떨어진 것처럼 보인다. 각각 논리적, 분석적 사고와 직선적, 통합적 사고로 특화된 탓에 학문도 예술도 폭이 좁아진 것은 아닌가 하고 일러주는 듯한 기분이 든다.

하지만 나는 무엇보다도 학문과 예술의 여신들이 기억의 여신의 피를 잇는다는 고대 그리스인의 통찰력에 감복했다. 인간의 창조적 정신 활동은 축적된 기억이라는 이름의 토양에서 꽃핀다는 진실을 발견한 지혜에 대해서 말이다.

정보의 범람 속에서 현대인은 기억의 부담을 줄일 작정으로 부지런히 컴퓨터에 그 부담을 지우고 있다. 하지만 그것이 결과적으로 인간의 자유롭고 창조적인 정신 활동을 빈곤하게 만드는 것은 아닌지 염려되는 요즘이다.

# 복제된 오락

어린 시절엔 매일 아버지나 어머니가 옛날이야기를 들려주셨다. 부모님이 집을 비우거나 바쁠 때는 함께 살던 할아버지나 하숙하던 학생, 가끔 묵으러 오시는 어머니의 친구 분들이 내가 잠들기 전에 머리맡에서 이야기를 들려주셨다.

이야기하는 사람 각자 자신 있는 레퍼토리가 있겠지만, 이미 익숙한 이야기를 들려주는 경우도 종종 있었다. 그랬더니 같은 『모모타로』복숭아에서 태어난 주인공 모모타로가 개, 원숭이, 꿩을 거느리고 도깨비섬으로 가서 도깨비를 정벌하고 보물을 가지고 돌아온다는 민담나 『엄지공주』인데도 이야기 전개가 미묘하게 달랐다. 또한 같은 사람이 같은 이야기를 해도 그날그날 이야기가 달랐다. 그 점이 재밌어서 나는 몇 번이고 같은 이야기를 해달라고 졸랐다.

저작권 같은 게 확립되기 훨씬 전에 생겨나 대대로 전

해 내려온 전설이나 신화, 민담 등을 구비문학이라 한다. 입에서 입으로 전해져온 이야기들이다. 이야기의 핵심적인 부분은 같지만 각색, 연출, 연기 모두가 이야기하는 사람의 재량에 달려 있다. 화자의 개성에 따라 이야기는 얼마든지 바뀔 수 있다.

노래와 음악 또한 기나긴 시간 동안 늘 그랬다. 누가 지었는지도 모르는 곡이나 노래뿐이었다. 마음에 드는 멜로디나 가사를 들으면 당연히 자신도 기억해서 연주하거나 부르고 싶은 법이다. 하지만 그러는 과정에서 정확하게 기억해낼 리도 없고, 퍼포먼스를 하면서 자기 나름대로 부르기 쉬운 곡조로 바꾸거나, 즉흥적으로 편곡하기도 한다. 이렇게 해서 전혀 다른 노래가 되는 경우도 많았을 것이다. 이에 대해 나무라는 사람은 아무도 없었다. 각자 즐겁고, 부르기 쉽고, 연주하기 쉽다면 그걸로 좋지 않은가. 그 대신 이야기든, 노래나 곡의 연주든, 모두 그 장소와 시간에 공연자와 함께 있지 않으면 결코 만끽할 수 없는 것이었다.

하지만 문자와 악보가 발명되고, 종이가 생기고, 인쇄 기술이 발전함에 따라 완전한 복제가 가능하게 되었다. 인류가 지금까지 더듬어온 과학 기술의 발전 과정을 살펴보면 그 시간과 장소만의 퍼포먼스를 될 수 있는 한 충실히, 될 수 있는 한 대량으로, 될 수 있는 한 적은 비용으로 재현하기 위해 노력을 기울여왔음을 알 수 있다.

지금은 세계적 명화나 명연주도 당장 보거나 들을 수 있다. 마치 그 장소에 있는 듯한 현장감을 맛볼 수 있도록 기술 개발자들은 오늘도 심혈을 기울이고 있다. 그 대가로 우리 스스로 독창성을 발휘할 기회와 분야는 점점 줄어들고 있다. 세상에 상품 가치를 인정받은 개성은 초상권이나 저작권 등으로 복제에 대한 권리를 보호받지만, 대다수 사람들은 소비자로서 수동적으로 즐기는 것밖에 누릴 수 없게 되었다. 부모는 동화책을 읽으며 아이에게 이야기를 들려주게 되었고, 아니, 그것보다도 텔레비전이나 비디오 게임이 인간의 화자 역할을 대신하게 되었다. 스트레스 해소를 위해 부르는 가요마저도 가라오케의 형태에 맞게 부르는 것으로 만족하게 되었다.

# 신념

"그래도 그것은 돌고 있다!Eppur si muove!"

꿇어앉아 있던 노인이 비칠비칠 일어나 발을 동동 구르며 외쳤다. 노인의 이름은 갈릴레오 갈릴레이. 코페르니쿠스가 주장한 지동설에 가세했다는 이유로 이단異端 심문을 당해, "지금까지 내가 감화되었던 지동설은 이단입니다. 나는 지동설을 거부합니다" 하고 억지로 맹세한 직후의 일이다. 따라서 대명사 '그것'이란 지구를 말한다.

이 에피소드는 너무나 유명해서 실제로 갈릴레이가 그렇게 말했다고 굳게 믿는 사람들도 많다. 하지만 이단 심문의 재판 기록 등을 조사한 사람들에 의해 이 문장이 갈릴레이의 입에서 나오지 않았음이 확인되었다. 즉 전설이었던 것이다. 또한 18세기 프랑스의 역사학자이자 신부인 오귀스탱 시몬 이라이유가 쓴 『문학 논쟁Querelles littéraires』이라는 책이 이 드라마틱한 전설을 퍼뜨린 기원이 되었다는 점까지 밝혀냈다.

하지만 허구에 불과함을 알고 있다고 해도 이 전설에는 묘한 리얼리티가 있다. 아마 갈릴레이는 앞의 대사를 입 밖에 내지는 않았을 것이다. 갈릴레이와 마찬가지로 코페르니쿠스의 지동설에 동조했던 조르다노 브루노 역시 이단 심문을 당해 화형에 처하게 되었으니, 섣불리 입을 열 만한 상황이 아니었다. 하지만 마음속으로는 아마, 아니 분명히 외치고 있었을 것이다. 많은 사람들이 그러한 마음을 갖고 있었기 때문에 전설은 계속해서 살아남을 수 있었다.

갈릴레이가 코페르니쿠스의 지동설을 자신의 신념으로 삼게 된 과정에는 망원경이 큰 역할을 했다. 17세기 초 유럽에서 양질의 렌즈가 생산되었고, 그것을 바탕으로 1608년 네덜란드의 안경사 리페르셰이가 망원경을 발명했다.

당시의 많은 학자들과 같이 갈릴레이도 결코 한 분야에서만 우수한 재능을 발휘하지는 않았다. 천문학자일 뿐만 아니라, 의학자이자 훌륭한 수학자, 물리학자, 건축학자, 기계학자이기도 했다. 그래서 네덜란드에서 망원경이 발명되었음을 알게 되자마자 갈릴레이는 광학 이론에 기초해 31배율의 망원경을 스스로 제작하게 되었다.

이 망원경을 사용해 천체 관측에 푹 빠진 갈릴레이는

계속해서 새로운 발견을 하게 된다. 달이 울퉁불퉁하다는 것, 목성에 네 개의 위성이 있다는 것, 태양의 흑점, 그리고 코페르니쿠스의 지동설에 대한 확신이 점점 깊어지게 되었다.

지동설과 성서의 모순을 제자와 친구들, 지인에게 서신으로 보낸 탓에 결국 그는 1615년, 교황청 검사성성檢邪聖省현 신앙교리성에 고발당하고 만다. 이때는 경고만 받는 것으로 마무리되었다.

하지만 그 후에도 갈릴레이는 지동설에 대해 계속 탐구해, 코페르니쿠스 이론을 역학적으로 보강하여 그 정당함을 전면적으로 전개한『프톨레마이오스-코페르니쿠스 두 개의 주요 우주 체계에 대한 대화』를 저술한다. 이 책이 간행된 게 1632년 2월이다. 그해 7월에 책의 발매가 금지되었고, 10월에는 이단 심문소로 출두 명령이 내려진다. 판결이 난 뒤 아르체트리에 유폐된 뒤에도 갈릴레이는 연구와 집필 활동을 이어간다. 그는 이후 실명하지만 죽기 직전까지 제자에게 구술필기를 하게 해『두 개의 신新과학에 관한 수학적 논증과 증명』을 펴낸다. 사망한 뒤 장례식도 묘비도 허락되지 않았던 갈릴레이의 저서는 지금도 사람들에게 읽히고 있다.

마치 갈릴레이가 말한 것처럼 되어 있는 앞의 명문구는 전설로서만 남아 있는 것이 아니다. 어떤 인간이 자기 힘으로 도달한 신념을 협박 때문에 뒤집는 것은 불가능하며, 머리와 마음속까지 지배당하지는 않는다는 비유로도 쓰이고 있다. 그래서 이 전설에는 사람들을 격려하는 힘이 있다.

그리고 갈릴레이의 생애를 더듬다 보면, 타인의 새로운 학설과 발견을 반드시 자신의 힘으로 확인하면서 진리에 다가서려고 하는 자세에 감탄하게 된다. 바로 그런 자세 때문에 지동설은 갈릴레이의 흔들리지 않는 신념이 된 것이다. 스스로 망원경을 만들었다는 일화는 그 상징인 듯한 느낌이 든다.

객관성의  전제  조건

# 사랑의 모스크

파미르 고원의 북쪽 기슭에서 시작해 중앙아시아 평원을 적시는 강이 있다. '황금의 흐름'이라는 의미의 제라프샨 강이다. 한없이 사막에 가까운 황토색 대지에 제라프샨 강을 따라 녹색 띠가 나타난다. 오아시스다.

제라프샨 강의 진주라는 별칭을 가진 사마르칸트 시는 비옥한 대지와 과하다 싶을 만큼 축복받은 지리적 조건 덕에 머나먼 옛날부터 야심에 찬 민족들이 패권을 다투던 곳이었다. 14세기에서 15세기에 걸쳐 이곳을 수도로 삼았던 티무르 왕조 시대가 전성기였고, 그 시절의 아름다운 건축물이 지금도 남아 사마르칸트를 실크로드 유수의 매력적인 관광 도시로 만들었다. 나는 15년 전 이곳을 처음 방문했다.

시 중앙시장 옆에 반쯤 붕괴된 모스크가 있었다. 바자르(시장)의 떠들썩함과는 정반대로 쥐 죽은 듯이 방치되어 있는 비비하눔 모스크다. 비비하눔은 티무르 만년에 총애를 받았던 미모의 왕비 이름이다.

가이드가 모스크에 관한 전설을 들려주었다.

티무르 왕은 사랑하는 왕비의 기분을 맞춰주려 모스크를 선물하기로 했다. 수도의 가장 좋은 땅을 건설 예정지로 골라 제국 최고라는 평판의 건축가에게 돈을 아끼지 말고 호화찬란한 모스크를 만들라고 명한 뒤 자신은 인도 원정을 떠났다.

청년 건축가는 아름다운 왕비를 처음 본 순간, 이룰 수 없는 사랑의 포로가 되고 말았다. 티무르 왕이 부재중인 것을 빌미로 그의 끈질긴 구애가 시작됐다.

"당신을 처음 만난 그 순간부터 아무것도 손에 잡히지 않게 되었습니다. 하다못해 그 장밋빛 뺨에 한 번만, 단 한 번만 키스하게 해주십시오. 그러지 않으면 저는 일이 손에 잡히지 않아 모스크를 완성할 수 없을 겁니다."

젊고 우수한 데다 꽤 잘생긴 건축가의 구애에 왕비의 기분도 그리 나쁘지는 않았지만, 잔혹하고 질투가 심한 왕이 알게 되기라도 하면 그는 그날로 죽은 목숨이나 다름없다. 목숨 아까운 줄 모르는 젊은 남자의 정열적인 공세를 피하고, 거기에다 어떻게든 모스크를 완성해야만 했다.

비비하눔은 지혜를 짜낸 끝에 가지각색의 아름다운 모양으로 장식한 달걀 열두 개를 남자 앞에 늘어놓고 타이르기 시작했다.

"이걸 봐요. 각자 다른 색깔, 다른 모양을 하고 있지만 속은 모두 똑같은 달걀이죠. 여자도 똑같아요. 겉모습은 천차만별이지만 내면은 그다지 다를 바 없답니다. 나는 어서 포기하고 새로운 사랑을 찾아요."

왕비의 말을 들은 남자는 곧바로 자리에서 물러갔지만, 조금 있다가 다시 알현을 청해왔다. 그의 손에는 유리병 두 개가 들려 있었다.

"이걸 봐주십시오. 겉모습은 다를 바 없는 투명한 액체가 각각 담겨 있습니다. 하지만 한 입씩 시음해보십시오. 한쪽은 평범한 물입니다. 하지만 다른 한쪽은 술, 사람을 취하게 하죠. 사랑이란 그런 것입니다."

이 말에 얼이 빠진 걸까, 왕비는 어이없게 함락되어 오른쪽 뺨에 입맞춤을 허락했다. 그 입맞춤이 너무나도 강렬해 티무르 왕이 귀환하고 반년이 지나도록 입맞춤 자국은 지워지지 않았다.

광분한 왕은 막 완성된 아름다운 모스크를 부수고, 건축가를 당장 잡아오라고 명했다. 이후 도망자가 된 건축가의 파란만장한 모험이 시작되지만, 그건 또 다른 이야기다.

작년에 사마르칸트를 다시 방문하니 모스크가 훌륭하게 복구되어 짙은 청색 돔이 번쩍번쩍 빛나고 있었다.

"지진으로 붕괴되었던 비비하눔 모스크는 관광 자원 개발을 위해 외국 자본을 도입해서 왕년의 위용을 되살렸답니다. 앞으로는 시장경제니까요."

가이드가 자랑스럽다는 듯 설명한다. 아무래도 질투에 미친 티무르 왕이 모스크를 때려 부쉈다는 건 모두 허구였던 것 같다. 반은 붕괴된 모스크와 함께 묻혀버렸지만, 매력적인 이야기였다. 완벽하게 복구된 모스크보다도.

# 북풍형, 태양형

이솝의 대표작은 누구나 어릴 적에 한 번은 읽거나 들은 적이 있을 것이다.

어느 날 북풍과 태양이 서로 자기 힘이 더 세다고 자랑한다. 둘 다 자신만만해 하며 양보할 생각이 없었기 때문에 결국 내기를 하기로 한다. 자, 지금 저기 걸어가는 여행자의 모자와 외투를 누가 더 빨리 벗길까? 성공한 쪽이 이기는 걸로 하자. 불만 없지? 져도 원망하지 않기야.

북풍은 힘껏 공기를 들이마시고는 여행자에게 얼어붙을 정도로 차가운 바람을 내뿜었다. 외투 깃이 펄럭이고, 모자는 날아갈 듯이 들썩였다. 더 거세게 몰아붙인다면 외투도 모자도 벗겨지겠지. 북풍은 폐활량의 한계를 다해 폭풍 공격을 가했다.

하지만 여행자는 모자를 고쳐 쓰며 끈을 동여맸고, 몸을 굽혀 외투가 벗겨지지 않도록 두 손으로 꽉 움켜쥐었다. 북풍이 열심히 바람을 일으킬수록 여행자의 수비는 더 견고해졌다. 마침내 북풍이 그 끈기에 지고 말았다.

다음은 태양 차례. 조금씩 기합을 넣으며 여행자를 서서히 데웠다. 고양이처럼 등을 구부렸던 여행자는 어느새 긴장이 풀렸는지 외투 단추를 끄르기 시작했다. 태양이 숨겨둔 정열을 한층 돋우어 지글지글 햇살을 내리쬐니, 결국 여행자는 모자와 외투뿐만이 아니라 윗옷까지 벗어던지고 말았다.

태양의 승리, 북풍의 완패였다.

이 이야기의 저자 이솝은 전적으로 태양의 편이다. 대부분의 독자도 북풍의 수단은 어리석기 그지없고, 태양의 방식이야말로 현명하다는 교훈으로 받아들이지 않았을까. 물론 나도 그랬다. 강요는 타인을 움직이게 하는 데 아무 도움도 되지 않는다, 본인이 자기 의지와 희망에 따라 달성해나가도록 하는 것이 이상적이다, 하고 말이다.

하지만 요즘, 때와 경우에 따라서 태양보다 북풍의 방식이 더 낫다는 생각이 들기 시작했다. 북풍의 의지에 반하는 것으로 여행자는 자신의 의지를 명확하게 자각했다. 하지만 태양의 경우, 여행자는 태양의 의지를 마치 자기 자신의 의지라고 착각해 외투와 모자를 벗었기 때문이다.

붕괴 전 소련 당국에 의한 언론 통제는 노골적으로 북

풍형이었다. 이건 안 돼, 저건 안 돼. 금기는 명확했고, 그것을 깰 경우의 탄압은 가혹했기 때문에 당국의 의지는 좋든 싫든 인식하게 될 수밖에 없었다.

당연히 사람들은 신문도 방송도 믿지 않았다. 표면적으로는 아무 문제도 없는 말의 이면에 숨겨진 진실을 간파하는 능력을 자연스럽게 몸에 익혔다. 뻔히 보이는 권력 예찬을 반복하는 작가와 저널리스트들마저 그것이 아첨임을 자각하지 않을 수 없었다. 그리고 반체제파 지식인들은 권력의 의지에 거스르는 것으로 자신의 의지를 다시 한 번 확인할 수 있었다.

소비에트연방이 붕괴하고 일단 민주주의와 언론 자유를 표방하는 사회가 출현하니, 국민의 의지를 조작하는 방법은 태양형으로 전환되어갔다. 매스컴을 통한 여론 유도는 무척 교묘하게 이루어지고 있다.

사람들은 마치 자신의 자유로운 의지를 바탕으로 한 듯 별로 필요하지도 않은 상품을 끊임없이 사고, 방송 인터뷰를 하면 열에 아홉이 마치 자신의 의견인 양 방송 진행자나 신문의 논조를 반복한다. 그러다가 자신이나 자신과 비슷한 처지의 사람들의 이해에 반하는 정책을 추진하는 정당에 자진해서 투표하기도 한다. 그런 행동이 정보 조작의 결과라는 것은 눈곱만큼도 의심하지 않는다. 북풍형은 사람들의 반발과 저항을 불러 오래가지 못하지만, 태양형은 그 존재마저도 알려지지 않는 경우가 많다. 그만큼 오래갈 수 있다.

정신의 자유를 위해서는 허울뿐인 자유보다는 자각하고 있는 속박이 더 나을지도 모른다.

# 사소해 보이는 것의 힘

옛날 옛적에 삼형제가 살았다. 어느 날 그 나라의 왕이 자신의 외동딸인 아름다운 왕녀의 사위를 모집한다는 포고령을 내렸다. 열여섯 살 이상의 모든 독신 남자에게 참가 자격이 부여되는 대회를 실시해 우승자에게 공주를 시집보내겠다고 했다.

삼형제는 곧바로 대회장인 왕궁으로 향했다. 막 비가 갠 뒤라 길 여기저기에 물웅덩이가 있었다. 그 물웅덩이 하나에 무당벌레가 한 마리 떨어져 익사 위기에 처했다. 위의 두 형은 눈썹 하나 까딱하지 않고 그 모습을 그냥 지나쳐갔다.

하지만 막내만은 무당벌레를 불쌍히 여겨 그 자리에 멈춰서 무당벌레를 구해준다. 사실 무당벌레는 마법사였다. 그는 목숨을 구해준 보답으로 따뜻한 마음을 가진 막내가 대회에서 우승하도록 절대적으로 지원해준다. 남자신데렐라 되기 <sup>원문은 갸쿠다마노코시</sup><sup>逆 玉의 輿.</sup> 다마노코시<sup>玉의 輿</sup>란 말은 여성이 돈 많은 남성과 결혼해 자신도 유복해지는 것을 말하며, 반대로 남성이 돈 많은 여성과 결혼하는 경우를 갸쿠다마노코시라고 한다 성공. 두 형님으로서는 너무 억울해 발을 동동 구를 일이다.

『바보 이반』『신데렐라』그리고『리어왕』까지, 쌀쌀맞고 짓궂은 오빠·형이나 언니·누나, 마음씨 착한 동생의 조합으로 이뤄진 비슷비슷한 옛이야기는 세계 각지에 전해 내려오고 있다.

일본에서는『꽃 피우는 할아버지』<sup>정직한 할아버지가 신기한 강아지의 도움으로 보물을 얻기도 하고, 고목에 꽃이 피게 하기도 하여 영주로부터 상을 받는다는 이야기나</sup>『혀 잘린 참새』<sup>착한 할아버지가 아끼는 참새가 심통 사나운 할머니의 풀을 핥아먹다가 혀를 잘리고 쫓겨나면서 전개되는 권선징악적인 민담. 우리나라의 흥부전과 비교된다</sup>처럼 못된 할아버지, 할머니와 상냥한 할아버지, 할머니의 조합이 많지만 구조는 같다. 아마 우리 대부분이 늘 '쌀쌀맞고 짓궂은 오빠·형이나 할아버지·할머니 또는 언니·누나'처럼 행동하기 때문이 아닐까.

예를 들어 우리는 언뜻 사소하고 하찮아 보이는 것들을 눈을 크게 뜨고 주시하기보다는 그냥 지나쳐버릴 때가 많다. 하지만 사소하고 하찮게 여겼던 것이 사실은 거대한 보물일 때도 있고, 그 안에 절대적인 힘이 숨겨져 있을 때도 있다.

연기나 거품, 불꽃, 먼지, 때, 메아리와 함께 그림자도 언뜻 사소하고 하찮은 것으로 지나치기 쉽지만, 무시무시한 적이 되기도 하고 든든한 아군이 되기도 하는 현상 중 하나는 아닐까.

건축가를 꿈꾸는 젊은이가 있었다. 그는 마을 사람 누구나 병이나 슬픔, 불행과는 거리가 멀고, 온화하고 즐겁고 기쁨이 넘치는 아름다운 마을을 창조하고 싶어 했다. 젊은이는 몇 번이고 설계도와 입면도를 그리며 자신의 이상을 담은 마을의 이미지를 키웠다. 드디어 만족할 만한 도면이 완성되어, 잘 아는 목수를 찾아갔다.

목수 할아버지는 젊은이가 자신감 넘치는 표정으로 보여준 도면을 슬쩍 보더니 조용히 말했다.

"기쁨과 행복의 마을을 설계할 요량이었는지는 모르지만, 이건 슬픔과 불행의 마을이 돼버렸구면."

"네? 그럴 리가요!"

낙담한 젊은이에게 목수는 찬찬히 타이르듯이 말했다.

"확실히 이 설계도는 굉장히 고민해서 만들었다는 게 느껴지네. 도로와 건물의 위치 관계도 적절하고, 조각상 배치 상태도 좋아. 아치와 기둥들의 균형도 더할 나위 없고, 공원의 분수도 아름다워. 구석구석까지 빈틈없이 살폈다는 게 눈에 보이네. 하지만 딱 하나, 그림자를 간과하고 말았어. 건물이 세워진 상태, 아치와 기둥들의 입체감까지도 충분히 고려하고 있는데, 건축물에 어떻게 그림자가 지는지에 대해서는 조금도 생각하지 않았군.

이건 치명적인 실수라네. 이래서야 그림자가 자기 멋대로 퍼져 마을 안을 덮어버리지 않겠나. 햇빛을 받지 못하는 마을은 언제나 어두침침한 회색이지. 사람들의 얼굴은 언제나 창백하고, 생기를 잃은 눈동자는 어둡고 슬픈 빛깔을 띠겠지. 초목은 시들고, 꽃도 필 수 없다네. 만약 마을에 병균이라도 침투하면 순식간에 퍼져 끈질기게 들러붙게 될 거야.

자네는 아마 그림자 따위는 사소하고 하찮게 여겼을 거야. 그래서 완전히 무시하기로 작정했고. 그림자들이 비뚤어져 댁한테 원한을 품게 된 거야. 당신이 만든 모처럼의 대작을 망쳐버린 것도 바로 그림자들의 복수라네."

마지막으로 할아버지는 거듭해서 말했다.

"명심하게. 그림자를 얕봐서는 안 되네."

# 타인의 눈

거울이 등장하는 옛날이야기에 어떤 것이 있을까 물으면 『백설공주』를 드는 사람이 많다. 백설공주의 새어머니인 왕비와 거울의 '세계 최고의 미녀는 누구인가'를 둘러싼 대화는 줄거리 전개상 중요한 역할을 하고 있다. 생각해보면 멋진 명장면이다.

몇 년 전 러시아어 초급 교과서를 쓴 적이 있는데, 형용사 비교급과 최상급 부분에서 이 명장면을 이용했다. 단, 결말 부분을 조금 바꿨다.

왕비: 거울아, 거울아, 진실을 말해다오. 이 세상에서 가장
　　　 아름다운 건 누구지?
거울: 세상에서 가장 아름다운 사람은 백설공주입니다.
왕비: 설마, 말도 안 돼. 그 아이가 나보다 예쁘다고?
거울: 네, 솔직히 말해서 당신은 백설공주보다 못생겼고,

백설공주와 비교하면 전혀 미인이 아니에요.

왕비: 정말 내가 백설공주보다 흉하고 못났다고 생각하는
      거야?

거울: 네, 백설공주가 당신보다 미인이고 매력적입니다.

왕비: 흠, 잘 알았어! 너는 세상에서 가장 일그러진 거울이
      라는 걸 말이야. 이 세상에 너만큼 형편없는 거울은
      없어.

왕비는 이렇게 말하며 거울을 쓰레기통에 버리려고 한다.

거울: (당황하며) 잠깐만요, 농담 한번 해본 거예요. 거짓말
      인 게 뻔하잖아요. 저는 당신만큼 아름다운 여성을
      모릅니다. 아아아아…….

거울의 비명도 소용없이, 왕비는 거울을 쓰레기통에 휙 내
던져버린다. 쩽그랑 하고 거울이 깨지는 소리가 울려 퍼진다.


거울에게는 재난이었지만, 왕비가 거울의 말에 휘둘려
의붓자식인 백설공주 살해에 나서는 것보다는 훨씬 평화
롭고 원만한 결말이었다고 할 수 있다.

거울은 세상 일반의 상식과 심미안을 상징하는 것이었
을까? 아니면 왕비 본인 안의 또 하나의 눈을 상징하는
것으로, 왕비와 거울의 대화는 실은 왕비 스스로 한 자문
자답이었던 걸까?

하지만 후자의 경우도 왕비 안의 또 한 사람의 눈은 타

자의 미의식에 끌려다녔다는 얘기가 된다.

내 생각이지만 일본인 중에는 타인에게 어떻게 보이는 지 필요 이상으로 신경 쓰는 사람의 비율이 이상하게 높다. 그러면서도 자기 자신이 스스로를 어떻게 보는지에 관해서는 무관심하다. 스스로 가치 기준과 미의식에 자신이 없으니 더욱 타인의 평가를 신경 쓰는 것이겠지만, 반대로 타인의 눈이 없다면 얼마든지 나쁜 짓을 할 수도 있다는 게 무섭다.

개인의 집합체인 조직의 경우 이러한 경향이 더욱 두드러져, 최근 기업에서 일어나는 불상사를 보면 세상 사람들에게 들키기 전까지 오랜 시간에 걸쳐 기업 전체가 법률에 어긋나는 행위를 계속해왔던 사건이 많다.

일본이라는 나라와 일본인에 대해서 외국인이 어떻게 받아들이는지도 지나치게 신경 쓴다. 외국에서 온 유명 아티스트를 붙잡고는 "일본 여성에 대해 어떻게 생각하십니까?" 같은 창피한 질문을 하는 리포터가 끊이지 않는다. 하지만 아시아와 미국, 유럽을 방문한 일본의 유명인에게 그 나라의 기자들이 "우리나라 여성을 어떻게 생각하십니까?" 같은 인터뷰를 하는 모습은 상상하기 어렵다.

미국에 건너간 프로 야구선수 노모 히데오, 사사키 가즈히로, 이탈리아에 간 축구선수 나카타를 쫓아 대거 몰려간 일본인 기자들이 일일이 감독이나 동료 선수, 거기에다 길 가던 사람들까지 붙잡아 세워서는 하나밖에 모르는 바보처럼 "그를 어떻게 평가하고 있습니까?" 같은 질문을 반복하며 빈축을 사는 것도 어지간하다. 게다가 자기 의견이 없으니 그 평가를 상대화하지 못하고 무턱대고 고마워한다.

타인의 눈이라는 거울을 한 번쯤 깨부술 수는 없을까.

# 남녀에게 가정이란

구약성서 「창세기」 설화에 의하면 하느님은 최초의 남자인 아담의 열세 번째 갈비뼈로 최초의 여자인 이브를 창조했다. 자, 그 중대사가 일어난 당일, 하느님은 아담이 시무룩한 얼굴을 하고 있는 것을 보고 이렇게 물었다.

"아담, 어쩐 일이냐. 혹시 네 갈비뼈가 아까워서 그러는 게냐?"

"그럴 리가요. 갈비뼈가 아까운 게 아닙니다. 뭔가 불길한 예감이 들어서요" 하고 아담이 대답했다.

이런 대목은 물론 성서에 쓰여 있지 않다. 러시아 재담 작가의 상상력이 낳은 대화다. 그런데 러시아뿐만 아니라 세계 각국의 재담, 소극, 만담, 코미디 등을 엿보면 '여성을 무서워하는 남성'이라는 패턴이 많아 놀라곤 한다. '강한 남자에게 괴롭힘 당하는 약한 여자'에 대한 이야기는 심각한 비극인데, '강한 여자에게 괴롭힘 당하는 약한 남자' 이야기는 어쩐지 웃음을 자아낸다.

그중에서도 압도적으로 많은 양을 차지하는 것은 공처가를 비웃는 우스개 이야기다.

"아빠, 행복이란 게 뭐야?"

"어른이 돼서 결혼하면 잘 알게 된단다."

"진짜? 아빠 정말이야?"

"그럼, 정말이지. 단, 그걸 알게 될 무렵에는 이미 때가 늦었지만 말이야."

이런 이야기를 하나 더 소개한다.

"어이, 너 왜 이렇게 기운이 없어? 무슨 일 있어?"

"아니, 오늘이 결혼기념일인데 완전히 잊고 있었거든. 아내한테 실컷 잔소리를 들었지."

"신경 쓰지 마. 원래 결혼기념일이라는 건, 여자는 아주 잘 기억하지만 남자는 싹 잊어버리는 법이야."

"왜?"

"너, 이 낚시터에서 네가 처음으로 물고기를 낚은 날이 언제인지 기억해?"

"그거야 잊을 리가 없지."

"그렇지? 하지만 낚인 물고기는 잊어버린다고."

이런 종류의 재담은 끝이 없지만, 실제 상황은 재담과는 정반대다. 통계 수치나 일본과 러시아의 여론조사 결과를 놓고 보면 이혼을 원하는 건 여자 쪽이 압도적으로 많다. 즉, 가정은 남자보다 여자에게 훨씬 불편한 공간이라는 것이다.

　　그런데 여자 쪽의 불편함을 우스개로 삼는 재담은 들어본 기억이 없다. 그만큼 심각하다는 걸까. 아니, 심각할수록 웃음의 폭발력은 더욱 클 텐데 말이다.

　　한번은 러시아 여성들만 모인 자리에서 "남편은 건강하고 집을 비워야 좋다"라는 일본의 경구를 소개했다. 그러자 모두 데굴데굴 구르며 웃어대 3분간 이야기가 중단됐다. 그 정도로 공감한 것이며 진리를 건드렸다는 뜻이리라.

　　그러다가 다음의 재담이 떠올랐다.


　　　식당에서 웨이트리스에게 무턱대고 성가신 주문을 하는 남자가 있었다.

　　　"달걀프라이 말인데, 한쪽은 완전히 태우고, 한쪽은 익히지 말고, 한쪽은 소금을 치지 말고, 한쪽은 소금을 많이 쳐서 가져와요. 그리고 접시에 담지 말고 프라이팬에 담긴 채로 가져와서 내 코앞에 들이대고 '자, 빨리 처먹어, 이 돼지야!'라고 증오를 담아서 외쳐줬으면 좋겠소."

　　　기묘한 주문이라고 생각하면서도 식당 측은 남자의 요

구에 충실히 응했다. 그 덕에 만족스럽게 아침식사를 마친 남자에게 식당 주인은 특이한 주문을 한 속내를 물었다. 남자는 대답했다.

"출장이 길어져서 벌써 두 달이 지났어요. 가끔은 가정의 맛이 그리워지거든요."

가정은 남자에게도, 여자에게도 늘 편안한 장소라고는 할 수 없다. 하지만 그러한 스트레스를 유머를 통해 웃어 넘기며 극복하는 기술에 있어서는 남자들이 조금은 더 우수한지도 모른다. 이렇게 쓰다가 잡지 〈통판通販생활〉에 투고된 수많은 센류 하이쿠와 같은 형식인 3구 17음으로 된 단시短詩. 구어를 사용하고 세태, 풍속을 풍자와 익살을 주로 하여 묘사하는 것이 특징이다가 떠올랐다. 일본 여자들도 보통이 아니다.

# 공동체의 주인들

10년 전 NHK에서 〈러시아 겨울 이야기〉라는 프로그램을 방영한 적이 있다. 고르바초프의 개혁이 정체에 빠져 경제 정책 실패의 청구서가 국민 생활에 반영되어가는 모습을, 보통 사람들의 생활상으로 보여줘 많은 호평을 받았다. 인플레이션이 가속화하면서 상품 사재기가 기승을 부리는 모습, 물건을 안 팔려고 하는 모습, 거의 텅 빈 상점의 선반, 하염없이 눈이 내리는 식료품점 앞에서 장사진을 친 사람들…… 특히 일본 시청자들은 줄을 선 사람들 대부분이 나이가 지긋해 보이는 여성들이었다는 점에 큰 충격을 받았다.

"너무 불쌍해! 저렇게 비실비실한 할머니가…… 아아, 얼마나 추울까. 나이도 있는데 괜찮으실까."

고령자의 행렬은 무척 비참한 인상을 남겨, 시청자들의 동정과 눈물을 자아냈다고 한다. 다만 줄을 선 어르신들의 얼굴을 조금만 주의 깊게 본 사람이라면 확실히 주름은 많을지 몰라도, 결코 풀 죽은 느낌이 아니라 오히려 활기 넘치는 눈빛에 당당한 분위기를 뿜어내고 있음을 눈치챘을 것이다.

사실 줄을 선 노인들 열 명 중 아홉은 이웃 맞벌이 부부의 부탁을 받아 도움도 주고 용돈벌이도 할 겸, 쇼핑을 대행하는 것이었다.

러시아도 도심에는 고층 연립주택이 많다. 한 층당 2~8호에 층수를 곱하면 계단 공간으로 이어지는 총 호수가 된다. 이것이 공동체의 단위다. 엘리베이터 고장이 빈번한 탓에 고령자는 1층에 배정되는 경우가 많다. 그리고 비교적 시간 여유가 있는 그들은 공동체의 윤활유 같은 역할을 맡고 있다. 쇼핑을 대행해주거나 소포를 맡아주기도 한다. 또한 안뜰에서 노는 아이들이 못된 장난을 하지 않도록 뜨개질을 하면서 넌지시 감시의 눈을 밝히기도 한다. 안뜰은 공동체의 상징이며, 공동체에 없어서는 안 될 존재가 된 고령자는 안뜰의 주인이라고 해도 과언이 아니다.

한겨울의 느지막한 오후, 모스크바 중심부에 위치한 연립 주택 안뜰에서 노부인 두 분이 햇볕을 쬐는 모습을 본 적이 있다. 두 분의 대화가 너무나도 유쾌했기 때문에 그만 넋을 잃고 듣고 말았다.

"남편 장례식 때, 여러 가지 일로 신세 많았어. 이래서 친구는 있고 볼 일인가 봐."

"우리가 남도 아니고, 그런 소리 마. 그것보다 너무 우울해 보여서 걱정이었어. 이제 좀 기운을 차린 것 같아 무엇보다 다행이야."

"고마워. 사실 계기가 있었지. 태어나 처음으로 와인을 마셨거든. 내가 걸핏하면 훌쩍거리고 있으니 아들이 걱정이 됐는지 마시고 푹 자라고 하더라고. 근데 말이야, 한 모금 마셨는데 기억이 났어. 자기 전에 남편이 먹던 약 맛이더라고. 딱 한 번 맛을 본 적이 있었거든. 남편도 나 몰래 꽤 인생을 즐기고 있었구나 생각하니 슬퍼하고 있던 게 갑자기 바보스러워져서 말이지."

"어머 정말? 그럼 우리 남편도 감시를 더 엄격하게 해야겠다고 말하고 싶지만, 이이는 요즘 눈에 띄게 힘이 빠져서 말이지."

"내가 보기에는 여전히 정정하시던데, 왜?"

"나이에 비해서는 몸 상태가 좋다고 의사한테 정기검진 때마다 칭찬받아. 그래도 나이 앞에는 장사 없는 법이지. 예를 들어, 레스토랑에 들어가 자리에 앉으면 웨이트리스가 메뉴판을 가지고 오잖아. 그럴 때 새록새록 느낀다니까. 남편도 나이를 먹었구나 하고 말이야."

"기름진 음식을 주문하지 않게 되었다든가 해서?"

"아니, 게걸스럽게 많이 먹는 건 똑같아. 그것보다도 말이야, 옛날엔 먼저 웨이트리스 다리에 눈이 가고, 그다음에 천천히 시선을 위로 올리면서 가슴 언저리에서 잠깐 쉬고, 마지막으로 얼굴을 보고 나서야 겨우 메뉴판을 확인했는데, 요즘엔 웨이트리스를 쳐다보지도 않고 메뉴판만 열심히 들여다보더라고."

# 숫자의 지배

"아 정말, 또 체중이 늘어났어. 모처럼 다이어트도 했는데."

T는 만날 때마다 입버릇처럼 살 빼고 싶다, 살 빼고 싶다 하고 노래를 부른다. 하지만 제3자의 눈으로 보기에는 안쓰러울 정도로 말랐다. 제2차 세계대전의 종료가 멀지 않은 무렵, 연합군에 의해 히틀러 나치스의 강제 수용소에서 막 해방된 사람들은 모두 해골에 가죽만 씌운 듯이 비쩍 말라 있었다. T는 그 기록사진이 떠오를 정도로 빼빼 말랐다. 만약 T가 닭이라면 뼈와 근육밖에 없으니 틀림없이 맛없는 통구이가 될 것이다. 그럼 곤란하니 하다 못해 수프 국물이라도 내볼까 하고 푹 끓여도 지방이 너무 없어서 좋은 맛이 날 리가 없다.

물론 그렇게 대놓고 말할 수는 없으니, 겨우 다음과 같은 말로 충고하면서 말리고 있다.

"너무 말랐어, 너. 그 이상 더 빠지면 위험해."

하지만 T는 들으려고도 하지 않는다. 그녀는 오랫동안 이상적인 체중은 키에서 110을 뺀 수치(킬로그램) 이하라는 기준을 두고 있는데, 이 기준에 의하면 신장 150센티미터인 T의 이상적인 체중은 40킬로그램이다.

하지만 그녀는 통뼈라서, 보기에는 엄청 말랐는데도 이 40킬로그램의 벽을 좀처럼 넘지 못하는 것이다.

"'내 체중은 ○○킬로그램입니다'라고 가슴에 써 붙이고 다니는 것도 아니니까 체중에 그렇게 신경 안 써도 되잖아. 다른 사람은 네 체중 따위 알지도 못하고, 알고 싶다는 생각도 안 한다고. 체중계보다 거울을 좀 봐."

아무리 말해도 마이동풍. T는 지금도 다이어트에 매진하고 있다. 요즘엔 체지방 지수라는 말을 입에 올리고 있다.

가구를 살 때는 미리 설치 장소의 치수를 재고 나서 가게에 간다. 이럴 땐 숫자가 얼마나 편리한지 절실히 느낀다. 그러나 인간을 계량할 때 숫자가 끼어들면 얘기가 복잡해진다. 아니, 단순해진다고 하는 게 맞을까. 이를테면 여성 탤런트의 화보에는 필수라고 해도 좋을 만큼 나이와 몸무게, 키는 물론이고, 가슴·허리·엉덩이 둘레 치수가 덧붙어 있다. 그걸 보면 흥이 깨진다. 상품 카탈로그에 기재되는 가로, 세로, 높이 수치가 떠오르지 않는가.

인간의 매력과 추악함은 육체와 인격, 그때그때 상황과

의 절묘한 조합에 의해 드러나는 경우가 많다. 숫자로 포착할 수 없는 부분이 압도적으로 큰 것이다. 그런데 왜인지 인간은 숫자로 들어야 제대로 알았다는 기분에 안심하고, 숫자에 강박관념을 갖고 농락당하는 경우가 적지 않다.

"나이 같은 게 없었다면 인간은 모두 지금의 배는 장수할 거야" 하는 영국 영화 〈머나먼 지평선The Far Horizon〉의 명대사가 떠오르는 순간이다.

그래도 키, 몸무게, 가슴·허리·엉덩이 둘레 등은 수치를 재기 쉽다. 심박 수나 혈압, 체온 등도 어쨌든 신용할 수 있다. 달리는 속도나 점프할 때의 높이, 팔굽혀펴기를 몇 번 할 수 있나 등 인간의 능력을 측정하는 숫자도 일단 객관적으로 계측할 수 있다.

인간을 계량하는 숫자 중 가장 신비로운 것은 지능 지수가 아닐까. 지능 검사 후 나오는 결과에서 정신 연령이 산출되어 실제 나이와 대비하면 지능 지수가 나온다고 한다.

초등학교에 입학한 직후 처음으로 지능 검사를 받으면서 뭔가 말로 설명할 수 없는 불쾌감을 느꼈다. 하지만 학년을 올라갈 때마다 어쩔 수 없이 지능 검사를 치러야 했다.

초등학교 3학년 가을에 프라하의 소비에트 학교로 전

학을 가게 되면서 지능 지수에 대해 까맣게 잊고 있었다. 지능 검사 같은 것은 전혀 존재하지 않는 세계였기 때문이다.

중학교 2학년 3학기에 귀국해서 또 지능 검사를 치르게 되었을 때, 초등학교 때 왜 불쾌감을 느꼈는지 그 정체를 파악했다. 마치 공장에서 만들어진 제품의 품질 검사 같다는 느낌이 든 것이다. 너무나 참담하고 굴욕적인 기분이 들어 결국 나는 검사를 거부했다.

# 객관성의 전제 조건

우주 개발에 관한 심포지엄에는 학자들뿐만이 아니라 실제로 우주를 방문한 경험이 있는 우주비행사들이 패널리스트로 참가하는 경우가 많다. 물론 전문 지식과 학술적인 것에 대해서는 학자나 기술 개발자들이 상세하고 정확한 정보를 발표하는 경우가 많다. 하지만 실제로 체험한 것에 대한 이야기에는 논리적으로 흠잡을 데 없는 해설을 훨씬 능가하는 설득력이 있다. 화려함이 있다. 우주비행사들 자체가 심포지엄의 꽃이라고 해도 좋다.

러시아는 미국과 함께 세계 최대의 우주 개발국이기 때문에 러시아에서 우주비행사를 초대하는 일이 무척 많다 보니 러시아어 통역을 담당하는 나도 참석할 기회가 많다.

심포지엄 개시 전에 사회자 및 패널리스트 일동과 간단한 회의를 하고 나서 동시통역에 들어가면, 회장으로부터 음향적으로 격리되어 작은 부스에서 진을 치고 있어야 한다. 반나절 혹은 점심식사를 겸해 일고여덟 시간 정도의 심포지엄이 끝나면 거의 규칙처럼 주최자와 사회자, 심포지엄 참가 패널리스트의 대기실에 인사하러 가는 것으로 업무가 마무리된다.

언젠가 인사를 마치고 물러나려고 하는 나를 러시아에서 온 유명한 우주비행사 L이 멈춰 세웠다.

"정말 고마워요. 회의의 내용을 잘 알 수 있었습니다. 내 발언에 대한 회장의 반응이 무척 좋았던 건 당신 덕분이에요."

"칭찬이 과하세요. 감사합니다."

"정말 말로 다할 수 없을 정도로 고마워요. 그래서 소중히 간직해둔 선물을 주고 싶은데, 공교롭게도 숙소에 놓고 왔군요."

"괜찮습니다. 마음만으로도 충분해요."

"아니, 그래서는 내 마음이 편하지 않아요. 지금은 파티가 있고, 내일은 아침 일찍 삿포로로 이동해야 하는데, 어떻게 전해주는 게 좋을지."

"그렇게까지 말씀해주시는 것만으로도 충분해요."

"아니, 그렇게 말하지 마요. 맞아, 숙소 프런트에 맡겨둘 테니 시간이 나면 꼭 찾아가요. 알겠죠? 약속했어요."

몇 번이나 다짐을 받기도 했고, L이 그만큼 열정적으로

'소중히 간직해두었다'는 선물이 도대체 무엇인지 호기심이 생겨서 이튿날 저녁, 일이 끝나고 그 호텔의 프런트에 들렀다. 이름을 대니 프런트 직원은 B5 크기의 봉투를 건네주었다. 나는 봉투를 뜯자마자 일류 호텔의 로비라는 것도 잊고 폭소를 터뜨리고 말았다.

봉투 안의 내용물은 L의 브로마이드였다. 얼마나 수정을 했는지 그림으로 그린 듯 미남으로 완성된 얼굴 사진에 요란한 사인이 적혀 있었다.

그 후 많은 우주비행사들의 통역을 담당했지만, 자신의 사인이 들어간 브로마이드를 상대방에 대한 최상의 선물이라고 굳게 믿는 그들의 행복한 둔감함에는 시간이 흘러도 익숙해지지 않았다.

딱 한 사람, 사인이 들어간 브로마이드를 건네지 않았던 우주비행사가 있었다. 내가 "의외네요" 하고 말하니 그는 쓴웃음을 지었다.

"그런 창피한 짓 난 못해요. 그야 팬들에게는 사인이 들어간 브로마이드가 보물일지도 모르지만, 대다수의 사람들에게는 그저 휴지일 뿐이잖아요."

또한 심포지엄에서 그의 발언은 현대 사회와 우주 개발의 모순과 문제점을 날카롭게 지적하면서도, 유머가 넘치고 깊이가 느껴졌다. 그때까지 스타인 체하는 우주비행사들의 이야기가 얼마나 체험에만 의존한 겉핥기에 불과했는지 깨달을 수 있었다. 사물을 객관적으로 보기 위해서는, 먼저 무엇보다도 자기 자신을 냉정하게 바라볼 줄 알아야 한다는 사실을 그때 마음에 새겼다.

# 통근 시간의 효용

.

고대 로마 시대의 상인이 "판노니아(지금의 헝가리)에서 바로 코앞에 있는 다키아(지금의 루마니아)에 갈 때는, 곧바로 가는 것보다 로마를 거쳐 가는 편이 빠르다"라는 글을 남겼다. 아무래도 모든 길은 로마로 통한다는 말이 사실이었나 보다.

수많은 식민지를 거느렸던 고대 세계 공전의 대제국은 당시로서는 파격적으로 정비된 가도街道를 통해 구석구석까지 '영원한 수도'와 연결되어 있었다. 중앙에서 내리는 명령을 손에 든 사자使者는 이 가도를 통해 들어왔고, 가차 없이 징수한 세금은 이 가도를 통해 제국의 수도로 옮겨졌다. 반면 식민지 사이를 잇는 길은 허술하기 짝이 없었다. 뒷전이었다기보다는 식민지끼리의 연락을 어떻게든 막고 싶었기 때문일 것이다.

어느 날 밤, 업무 관계로 니가타 현 산조 시에서 후쿠이 현 후쿠이 시로 꼭 이동해야만 하는 일이 있었다. 그때 일본의 운수교통망 구조가 극단적인 일극집중중심이 되는 한 지역에 조직이나 시설 등이 집중함, 그야말로 식민지형임을 깨달았다. 낮이라면 한 번 갈아타고 다섯 시간 정도면 도착할 수 있지만, 밤에는 히가시산조 경유, 나가오카 경유, 에치고유자와 경유, 어느 쪽으로 가도 환승역에 도착할 무렵에는 막차가 이미 떠났을 시간이었다. 결국 도쿄 경유가 가장 빠르다는 것이 판명되었다. 수학 시간에 배운 "삼각형 한 변의 길이는 나머지 두 변의 길이의 합보다 짧다"라는 정리가 전혀 들어맞지 않는 것이다.

수도권 철도나 지하철 노선도를 보면, 이 또한 전국 규모의 일극집중 방식으로 되어 있음을 알 수 있다. 오테마치일본의 성곽 오테몬 부근 지역. 인접한 마루노우치와 함께 일본 경제의 중심지 주변을 기점으로 교외를 향해 무수한 방사선이 뻗어나간다. 야마노테 선동일본철도가 운행하는 도쿄 순환선 내 지역으로 진입하는 방법은 놀랄 만큼 편리한데, 도심부에서 떨어진 방사선의 한 점에서 다른 방사선의 한 점까지 가려면 믿을 수 없을 만큼 시간이 오래 걸린다. 시험하고 싶다면 오다큐 선도쿄 도 신주쿠 구의 신주쿠 역에서 가나가와 현 오다와라 시의 오다와라 역까지를 잇는 노선 신유리가오카 역에서 그야말로 손이 닿을 듯이 가까운 게이오 선일본 도쿄 도 신주쿠 구에 있는 신주쿠 역과 하치오지 시에 있는 게이오 하치오지 역을 잇는 노선 조후 역까지 가봐도 좋다. 결국 신주쿠 경유가 가장 빠르다는 것을 깨닫게 될 테니까.

물론 교통망이 나빠서가 아니라 주요 관청이나 회사가 한정된 지역에 집중되어 있기 때문이지만, 이런 까닭에 익히 알려진 대로 도쿄는 악명 높은 통근 지옥이 되었다. 러시아워의 혼잡은 말할 것도 없고, 직장과 집의 거리는 점점 멀어졌다.

회사와 집을 왕복하는 데 매일 네 시간씩 걸린다는 친구 T가 투덜거렸다.

"내 인생은 매일 아침 두 시간씩 들여서 갈 가치도 없는 회사에 다니며, 매일 밤 두 시간씩 들여서 갈 가치도 없는 집에 돌아가는 짓을 반복하다가 끝나고 마는 걸까."

그랬던 T가 큰맘 먹고 직장에서 30분 정도 걸리는 곳에 집을 샀다.

"시간 여유가 꽤 생겼겠네?" 하고 슬쩍 물어보니, 그게 그렇지도 않다고 한다.

"요즘엔 책 읽을 시간 내기도 힘들어. 잠잘 시간도 없고."

생각해보면 통근하는 두 시간 동안 전철 안은 자거나 책을 읽는 것 이외에는 아무 할 일도 없는 시간이었다. 거꾸로 말하면 직장인으로서의 의무, 가족의 일원으로서의 의무 어느 것에도 묶이지 않는 자기만의 자유로운 시간이었던 것이다.

"왕복하는 시간이면 얇은 책 한 권은 다 읽었지."

잃어버린 것의 소중함을 곱씹으며 한마디 덧붙였다.

"거기에다 피곤할 때 한숨 자기에는 딱 좋은 시간이었어. 전철 안에서 조는 것만큼 감미로운 잠은 없었지. 지금은 통근 시간이 너무 짧아서 아무것도 할 수가 없어."

전철 옆자리에서 기분 좋게 조는 청년을 바라보고 있자니 T의 말이 떠올랐다.

# 일상 탈출

1891년에 착공해서 러일전쟁 전년인 1903년에 완성된 구舊 시베리아 철도는 항공로가 개통될 때까지 반세기가 넘는 동안, 아시아와 유럽을 연결하는 가장 빠른 교통로였다. 실로 많은 일본인이 시베리아를 거쳐 유럽을 오갔다. 또한 비행기 여행이 대중화되기 전까지는 시간은 넘치지만 돈이 없는 수많은 젊은이들에게, 요코하마에서 배를 타고 나호토카로, 나호토카에서 시베리아 철도를 이용해 유럽으로 가는 코스는 가격도 싸 꽤 인기가 있었다.

항공사 간의 경쟁이 심해져 항공권 가격이 낮아진 요즘에는, 당연한 결과지만 시베리아 철도는 그다지 염두에 두지 않게 됐다.

이러한 상황에서 시베리아 철도 여행을 관광 상품으로 하려면 로맨틱한 이미지에 호소할 수밖에 없다. 도산 직전의 S 여행사가 궁리해낸 것도 다음과 같은 선전 문구다.

시베리아의 어원 시비르란, 타타르어로 '잠든 대지'라는 의미입니다. 이 광활한 대지를 달리는 열차를 타고 당신도 잠시나마 일상에서 탈출해보지 않으시겠습니까?

이 문구가 통했는지 스무 명 정도 되는 손님이 모였고, 이들의 가이드를 내 친구 K가 맡게 되었다.

니가타에서 블라디보스토크까지 비행기로 두 시간. 공항에 도착해서 버스를 타고 철도역으로 향했다. 여행사에서 넘겨받은 일정표에 의하면 오후 8시에 모스크바를 향해 열차가 출발해 사흘 뒤에는 시베리아의 고도古都 이르쿠츠크에 도착한다. 거기에서 일주일간 머물고 다시 이곳 블라디보스토크를 거쳐 일본으로 돌아오는 일정이었다. 손님들의 열기도 슬슬 고조될 무렵이었다. 공항의 입국심사와 세관심사도 뜻밖에 쉽게 통과했기 때문에 출발하기 한 시간 전에 역에 도착할 수 있었다.

K가 당황하며 허둥대기 시작한 것은 그때였다. 그날 그 시간에 출발하는 모스크바행 여객열차가 없었던 것이다. 초로의 역무원은 그녀의 여행 일정표를 보고 기가 막힌다는 얼굴을 했다.

"그 일정은 엉터리요. 앞으로 일주일 동안 여객열차는 없어요."

"네? 그럼, 내일도 모레도 글피도요?"

"아, 일본에도 이런 엉터리 회사가 있구먼."

K는 서둘러 일본의 S 여행사에 전화를 걸어봤지만 응답이 없었다. 어쩔 줄 모르고 있는데 아까 그 역무원이 구원의 손을 내밀었다.

"여객열차는 없어도 화물열차라면 앞으로 한 시간 뒤에 출발해요. 당신네 손님들을 위해서 차량을 하나 더 연결해보리다."

이렇게 해서 K와 일본인 관광객 스무 명은 화물열차에 올라탔다. 하지만 그곳에는 세면장도 화장실도 없었다. 물론 창문도 없었다. 차내 안내방송도 없으니 언제 어느 역에서 멈추는지도 알 수 없었다. 그래도 그날 밤은 잠기운이 불안을 눌러주었다. 하룻밤이 지나자 주체할 수 없을 정도로 허기가 몰려왔다.

"머지않아 역에서 멈추면 근처 농가 사람들이 삶은 감자나 피클, 특산물인 피로시키<sup>빵이나 파이 반죽으로 만든 껍질에 각종 고기로 소를 만들어 넣는 러시아의 대표적인 빵</sup> 같은 음식을 팔러 올 테니까 좀 참아요."

K는 짜증내는 손님들에게 어떻게든 희망을 심어주며 진정시켰다. 겨우 열차가 멈추고, 모두가 힘을 모아 묵직한 문을 활짝 열었다. 눈부신 아침 햇살이 들어왔다. 그러나 역에는 사람 하나 없었다.

"생각해보면, 화물열차에 물건을 팔러 오는 사람이 있

을 리가 없는데 말이야" 하고 K는 말했다. 그녀는 기관사실까지 달려가 정차 시간을 물어본 뒤, 가까운 마을에 음식을 사러 뛰어갔다. 이렇게 일주일이 걸려 이르쿠츠크에 도착해, 곧바로 화물열차를 타고 블라디보스토크로 일주일 걸려 되돌아간 게 전부인 여행이 되어버렸다. 여행하는 동안 손님들은 여행사의 사기 행각을 비난하고, 귀국 직후에도 악몽의 이 주였다며 떠들썩하게 욕을 퍼부었다. 하지만 시간이 흐르면서 점점 변해갔다. 너무나도 편리하고 쾌적하며 청결이 당연해진 일상을 살다 보면, 그 불편과 불쾌감, 고통이 참을 수 없이 그리워지기도 하는가 보다.

"그 여행은 정말 일상으로부터의 탈출이었어."

# 공기의 존재 증명

　꼭 필요한데도 평소에는 그 존재를 완전히 잊게 되는 것의 대표 격은 누가 뭐래도 공기일 것이다. 물도 공기와 비슷한 입장이지만 우리의 목은 늘 갈증을 느끼기 마련이니 물의 고마움을 실감할 기회는 많다.

　물의 존재 가치를 잊기 쉬운 사람들은 일본인 정도일지도 모른다. 비가 많이 내리는 기후에, 국토의 약 80퍼센트를 삼림이 덮고 있어 논농사가 발달한 이 나라의 대지는 물을 보존하는 능력이 매우 좋아 세계에서도 보기 드물 정도로 풍족하고 맑은 물의 축복을 받아왔다.

　예를 들면 일본인은 돈이나 어떤 물건을 함부로 쓸 때 '물 쓰듯'이라고 표현하지만, 사막에 사는 베두인 족에게 이 관용구를 말 그대로 통역해서 들려준다면 '소중하게 아끼고 아껴서'라는 의미로 받아들일 것이다. 그들은 '물 쓰듯'이라는 의미로 '모래처럼'이라는 말을 사용한다고 한다. 또 고대 그리스인들은, 프랑스인이라면 "즐거운 여행이 되기를!Bon voyage!"이라고 말할 대목에서, "언제나 물이 풍족하기를!"이라고 말하며 여행자를 배웅했다고 한다.

앞에서 말한 바와 같이 물은 가끔 그 존재 가치를 의식하게 되는 것에 비해, 공기는 극단적일 정도로 자기주장을 하지 않는다. 지구를 감싸는 이 무색투명한 기체가 없다면, 지표면은 작열하는 태양이 가차 없이 꽂혀 무시무시한 빛과 열을 직접 받을 것이다. 또한 황량한 우주 공간을 어지럽게 날아다니는 우주선線 우주에서 끊임없이 지구로 내려오는 매우 높은 에너지의 입자선을 통틀어 이르는 말과 우주 먼지 등도 직접 맞게될 것이다. 소리는 공중에 퍼지지 못하고, 물건은 타지 않고, 고기압과 저기압도, 비와 눈과 바람도 존재할 수 없게된다. 무엇보다도 호흡을 할 수 없을 테니 인간은커녕 모든 생물이 살아남을 수 없을 것이다.

이렇게 압도적이고 결정적이고 절대적으로 우리의 존재 기반의 목덜미를 움켜쥐고 있음에도 공기는 너무나도 겸허하다. 잘난 체하며 앞으로 나서지 않는다.

공기의 가치와 고마움을 실감할 때는 대부분 물의 경우처럼 부족과 부재에 의해서다. 높은 고도의 산에 올라 공기가 희박해 숨쉬기가 괴로워질 때, 바다에 빠져 허우적거릴 때처럼 말이다.

공기가 부재하기 때문이 아니라 존재하기 때문에 의식

하게 되는 것은, 공기든 우리든 둘 중 하나가 움직일 때다. 우리는 그것을 바람이나 공기 저항이라고 부른다. 그래서 나는 어릴 적부터 바람을 보는 게 좋았는지도 모른다는 구실을 붙이고 있다.

지금 동거 중인 다섯 마리의 고양이 가운데 세 마리는 털이 긴 종류다. 요즘처럼 바람이 강한 날 밖에 나가면 고양이들의 긴 털을 바람이 훑고 가는 모습을 손으로 잡을 듯이 관찰할 수 있어 나는 흥분하고 만다. 무심코 어설프게나마 시 한 수를 읊고 싶어지기도 한다.


　　기르는 고양이의 등을 헤치고 가는 가을바람


왜 바람에 농락당하는 풍경은 봐도 봐도 질리지 않는 걸까. 이것은 말없이 잠잠하고 든든하게 지구의 생명을 뿌리부터 받쳐주는 공기가, 때로는 부드럽게 때로는 흉포하게 자기를 드러내는 모습을 확인하는 충족감 비슷한 감정 때문이 아닐까.

그리고 수많은 사람들이 실용적인 목적에서가 아니라 그저 기분전환이나 오락을 위해 경비행기나 낙하산, 글라이더에 흥분하고, 스키나 스케이트, 달리기 등 실리적이지 않은 공간 이동에 심취하는 것도 같은 이유일지 모른다. 마라톤 선수가 앞서 가는 선수를 방패 삼아 공기 저항을 최소화하기 위해 궁리하면서 뛰는 모습은 공기와의 진검승부를 즐기는 것처럼도 보인다.

태양계에서는 지구에 사는 생명들에게만 허용된 귀중한 오락인 것이다.

# 불가침 구역

어린 시절에 친숙했던 유럽의 동화를 하나하나 떠올려 보면, 놀랄 정도로 많은 이야기가 숲을 무대로 전개된다는 것을 알 수 있다.

빨간 모자 소녀가 할머니 병문안을 가다가 늑대에게 습격당하는 곳도 숲속이고, 계모에게 죽을 뻔한 백설공주가 숨어 살게 된 난쟁이들의 집도 숲속에 있다. 헨젤과 그레텔이 다다르는 과자집도, 틸틸과 미틸이 파랑새를 찾아 헤매는 곳도 숲속이다. 잠자는 공주와 함께 100년간 잠에 빠져드는 것도 성을 둘러싼 광대한 삼림이다. 로빈 후드의 모험은 숲이 없다면 이루어질 수 없고, 딸기를 따러 나간 여자아이가 잘못해 들어가게 된 곰 세 마리가 사는 집도 깊은 숲속에 지어져 있다.

마법사도, 요정도, 난쟁이도, 올빼미도, 늑대도, 여우도, 곰도, 사슴도, 다람쥐도, 토끼도, 아무튼 동화에 빠질 수 없는 배우들은 모두 숲의 주민들이다.

시가지나 거주지, 공장 지대나 농경지 등 인간에 의해 정복되어 길들여진 지역은 많은 사람들에게 일상적인 생활의 장임에 비해, 인간에 의한 개발이 비교적 진행되지 않은 숲에는 아직 미지의 것, 예측하기 힘든 것이 무수히 숨겨져 있다. 숲은 비일상의 공간, 즉 다른 차원의 세계다.

일본에는 지금도 많은 마을에 '진수鎭守의 숲'수호신을 모신 사당 경내의 숲이 있고, 수많은 신사들도 나무가 무성한 공간에 있다. 우연은 아니다. 원래 중국과 일본 모두 수목이 모여 우거진 공간을 신을 받들어 모시는 장소로 선택했고, 이를 '사社'라는 글자로 적었다.『만요슈萬葉集』일본에서 가장 오래된 가집歌集 같은 고전에서는 이를 '모리'숲이라는 뜻의 일본어라고 읽는다. 수목이 우거진 신성한 장소를 '모리'라고 부른 듯하다. 그리고 많은 지역에서 대대로 '모리'는 손을 대서는 안 되는 불가침 구역으로 여겼다. 숲 그 자체가 일상적인 인간의 영역에 대한 자연의 영역, 즉 신의 영역으로서 숭배되었던 것이다.

숲의 정령을 믿고 받드는 풍습은 세계 각지에서 발견된다. 그리스도교가 보급되기 전 유럽에서도 이와 유사한 습관이 있었다. 예를 들어 숲의 어느 구역을 신성한 장소로 정해 그곳에서는 사냥이나 나무 벌채를 금했다. 유럽 선주민 켈트인의 말을 보면, '성소'라는 말과 '작은 숲'이라는 말이 같다. 동화에 숲이 빈번히 나오는 이유는 아마 그 흔적이라고 할 수 있다.

늘 자연을 극복하고 정복해서 문화를 쌓아올리고 사회를 발전시켜온 인간이 정복하지 못한 신神과 교류한 방법은 숲에 있었고, 그 기술이 종교로서 체계화된 것은 아닐까.

그렇다고 해도 삼림 일부를 성역으로 하는 발상에는 인간의 지혜가 느껴진다. 인간이란 탐욕스럽고 상승 지향이 강하다. 성역이란 제약이 없었다면, 인간은 오래전에 '자연'을 남김없이 개발했을 것이다. 불가침 구역을 마련함으로써 자원 고갈을 막을 수 있었다고 할 수 있다. 도쿄 한가운데에 남은 거대한 녹색 지대도, 그곳이 황거皇居가 아니었다면 오래전에 벌채되어 빌딩숲을 이루었을 것이다.

종교의 위력이 약해진 오늘날, 많은 나라들이 '국립공원'이라는 이름의 자연 보호 구역을 만들게 되었다.

# 명인 名人

    요즘 다들 무턱대고 쓰는 유행어 가운데 '존재감이 있다'라는 말이 있다.

    "○○는 역시 명%여배우다. 어느 작품에 출연해도 독특한 존재감을 발휘하고 있다"라는 식으로 쓰이고 있는 것을 보면 '눈에 띈다'라는 의미로, 아무래도 칭찬하는 말인 것 같다. 하지만 옛날 사람들은 어떤 역을 맡아도 똑같고 원래 자기 얼굴이 나오는 배우를 두고, 어디를 잘라도 똑같은 무에 비유하며 비난했다.

    즉 진짜 명인의 기예란 존재감을 의식할 수 없을 정도의 영역에 달해야 하는 것으로, 공기처럼 존재하는 것이 가장 이상적이라고 생각해왔다. 배우라면 연기 속 인물 그 자체가 되어 배우 개인의 존재를 잊게 해야 한다고 말이다.

    그런데 요즘은 텔레비전 쇼나 토크 프로그램, 거기에

광고까지 빈번하게 얼굴을 내밀고, 사생활까지 속속들이 드러내야 배우로서 성공할 수 있다고 생각하는 사람들이 많다. 이웃이나 친척을 대하는 듯한 친근함을 시청자들에게 심어주는 데는 확실히 효과가 있을지도 모른다. 하지만 영화나 드라마, 연극과 같은 가공의 세계에 낯익은 얼굴이 나오면 눈에는 띌지 몰라도, 그 순간 일상성으로 다시 끌려 들어가 분위기가 확 깨지고 만다. 이래서야 작품 자체가 엉망이 되고 만다.

통역사의 경우도 비슷하다. 가끔 동시통역을 한 뒤 "지금 통역, 정말 훌륭했어요" 같은 인사치레를 들을 때가 있는데, 이럴 때엔 복잡한 기분이 든다. 칭찬을 받았다고 한들, 눈에 띄고 말았다는 것은 아직 공기가 되기에는 멀었다는 게 아닌가.

최근에는 텔레비전에서도 동시통역을 하는 일이 많으니 듣고 비교해보길 바란다. 정말 뛰어난 동시통역은 마치 통역이 끼어 있지 않은 듯한 인상을 준다. 원래의 발언자가 일본어로 이야기하는 건 아닐까 착각할 정도로 그 존재를 잊게 만든다.

동시통역 시스템은 동시통역의 존재가 될 수 있으면 눈에 띄지 않도록 고안되어 있다. 생방송의 동시통역사는 음향적으로 격리된 방에서 작업한다. 헛기침을 하거나, 더듬거리거나, 실소가 터져 나올 때는 마이크 스위치가 꺼지게 되어 있다. 언젠가 이 스위치를 끄는 것을 잊어버렸는지, "잠깐, 어떡해! 나, 이 사람 무슨 말하는 건지 모르겠어. 빨리 바꿔줘!" 하는 통역사 사이의 내부 대화가 생방송에서 그대로 나온 적이 있었다. 담당 프로듀서는 머리를 싸맸다. 통역이 눈에 띄면 좋을 게 없기 때문이다.

하지만 재밌게도 "동시통역을 하고 있다는 현장감이 느껴져서 좋았다" "덕분에 평소에는 의식하지 못했던 동시통역의 어려움에 대해 잘 알게 되었다" 등등 시청자들의 호평이 쏟아졌다.

이 사건으로 예전 모스크바의 대형 서커스 극장에서 본 대규모 줄타기가 떠올랐다. 원형무대의 상공 50미터 높이에 줄이 설치되고, 세 명의 광대가 줄타기에 도전한다는 설정이다. 처음 두 명은 스르르 마치 땅 위를 걷는 것처럼 훌륭하게 줄을 탔다. 그런데 세 번째 광대는 누가 보기에도 겁을 잔뜩 먹고 있다. 아니나 다를까, 첫 번째 도전은 한쪽 손으로 줄을 잡아 실패하고 말았다. 두 번째도 실패. 객석의 비명 속에서 떨어지기 직전에 겨우 줄에 매달렸다. 그랬던 그가 세 번째 도전에서 멋지게 줄을 건너자, 객석의 열광은 앞의 두 사람이 어려움 없이 건넜을 때보다 몇 배나 컸다. 박수도 멈출 줄 몰랐다.

그 무대는 혹시, 서투른 편이 재주는 눈에 띈다는 진실을 역이용한 서커스 극장의 연출이었던 것이 아닐까.

# 절망과 희망 사이

그리스 신화 중에는 완전히 똑같은 모티프의 이야기가 종종 등장해 이전부터 무척 신경이 쓰였다. 그 대표적인 이야기 세 가지를 들어보자. 모두 잘 알 만한 이야기들이다.

프로메테우스가 천상의 불을 훔쳐 사람들에게 전해준 탓에 인간에 대한 신의 지배력이 약화되고 만다. 광분한 제우스는 프로메테우스를 카프카스의 바위산에 쇠사슬로 묶어놓는 벌을 내린다. 낮에는 큰 독수리가 공격해 프로메테우스의 간을 먹는다. 간은 밤새 원래대로 회복되지만, 이튿날 또다시 큰 독수리가 그 간을 쪼아 먹는다. 그것이 끝없이 반복된다.

코린토스 왕 시시포스는 신을 모독한 죄로 거대한 바위를 험한 산 정상에 옮기는 고된 일을 맡게 된다. 바위를 겨우 정상까지 다 옮기면, 그 순간 바위가 산기슭으로 굴러 떨어져, 시시포스는 다시 그 바위를 정상으로 옮겨야 한다. 그 일이 영원히 이어진다.

　오디세우스의 아내 페넬로페는 그리스 신화에서 으뜸가는 정숙한 여성의 귀감이다. 남편이 트로이 전쟁에 종군해서 귀국할 때까지 20년이나 되는 시간 동안 끊임없이 밀려오던 남자들의 구혼을 계속 물리쳤다. 시아버지의 수의를 다 만들기 전에는 재혼할 수 없다는 구실을 대며 낮에 다 만든 수의를 밤중에 풀고, 다시 낮에는 수의를 짜는 일을 날마다 반복했다.

　이상 세 이야기에서 공통으로 발견되는 것은 끝까지 해낸 일이나 극복해낸 고난이 마치 그런 일은 없었다는 듯이 순식간에 처음으로 되돌아가, 또다시 같은 일을 끝없이 반복해야만 한다는 모티프다. 자신의 노력과 고생이 모두 헛되이 끝나버릴 것을 다 알면서도, 그 일을 그만두는 것은 허락되지 않는다. 무의미한 일을 끝없이 계속하는 것만큼 사람을 괴롭고 절망스럽게 하는 일이 없다는 것을 고대 그리스인들은 잘 알고 있었던 듯하다.

　이 방법은 사람들 속에 겨우 남아 있는 삶에 대한 희망을 박살내기 위해 나치스의 강제 수용소에서도 자주 이용되었다. 수용소에서는 A 지점에서 B 지점까지 모래를 옮겼다가, 그 모래를 다시 A 지점으로 옮기는 일을 매일 시켰다. 어떤 고문보다도 효과가 있었다. 자살자가 끊이지 않았다고 전해진다.

일본의 일반 기업에서도 정리해고 대상자를 희망퇴직으로 몰기 위해 이와 똑같은 일이 일어나고 있다. 출근한 사원을 작은 독방에 온종일 가둬놓고 아무 일도 시키지 않거나, 아무리 봐도 헛된 일을 반복하게 하는 것이다. 자신이 아무 도움도 되지 않는 불필요한 인간이라는 것을 상기시키는 잔혹한 처사다.

앞에서 든 세 이야기 중 세 번째 페넬로페 이야기만은 다른 두 이야기와 닮은 듯하면서도 다르다.

첫 번째 차이는 신과 타자에 의해 강제된 행위가 아니라 페넬로페 자신의 의지를 바탕으로 한 것이라는 점이고, 두 번째로는 무의미한 반복을 거듭하는 그 작업이 페넬로페에게 있어서는 구혼자를 물리친다는 명확한 목적이 있었다는 점, 세 번째는 기한도 영원한 것이 아니라 남편이 귀환할 때까지로 한정되어 있었다는 점이다. 네 번째로 그런 까닭에 페넬로페의 마음에는 늘 희망이 있었다는 점이다.

이 연재 역시 처음에는 2년 동안으로, 이후 연장되어 도합 3년이라는 기한이 정해져 있었다. 그래서 나도 페넬로페 정도는 아니었지만, 기나긴 시간 동안 희망을 품고 해올 수 있었다고 생각한다.

점과 선 너머야말로

# 점과 선 너머야말로

　회의 통역이라는 밥벌이에 여행은 으레 따르는 부속물이다. 통역은 다른 언어권의 사람들이 만나는 곳에서 필요하기 때문이다. 통역사 가운데는 눈 깜짝할 사이에 항공사의 마일리지가 쌓이는 사람이 많고, 10년 기한인 여권 페이지가 2년도 안 돼서 비자나 출입국 도장으로 꽉 차는 사람도 많다.

　이런 까닭에 종종 인사치레로 "역시 견문이 넓겠네요"라는 말을 듣지만, 과대평가에도 정도가 있다. 통역사의 출장은 '여행'이라고 불릴 만한 것이 아니다. 공간 이동이라고 하는 것이 적절하다.

　공항에서 호텔까지 차로 직행해서 회의 개시 직전까지 잠잘 시간도 아껴가며 회의와 관련된 논문이나 용어 정리에 몰두하고, 회의 중에는 호텔방과 회의장을 왕복할 뿐이다. 여차하면 호텔 안에 회의장이 마련되어 있다. 아니, 이런 경우가 압도적으로 많다. 회의가 끝나면 다시 리무진 버스를 타고 공항으로 출발하고, 기내에서 한숨 자고 일어나면 나리타 공항에 도착하는 순서다.

게다가 최근 20년 동안 전 세계의 항공사와 일류 호텔이 엄청난 기세로 설비와 서비스의 균일화·획일화를 추진하고 있으며, 국제회의 참가자는 보통 그런 종류의 호텔에 묵기 때문에 체류하는 나라가 바뀌었다는 것을 피부로 느끼기는 점점 더 어려워지고 있다. 내가 공간을 이동하고 있다기보다는 나 자신은 일상이라는 이름의 캡슐에 갇혀 있고, 그 캡슐이 이동하는 느낌이다.

사회주의권이 건재하던 시절에는 아무래도 서비스가 본질적으로 차이가 났기 때문에 오히려 나의 말초신경을 자극해주었다. 일본인 동행자들의 평가는 무척 나빴지만 말이다.

"심하다, 좌변기가 없다니. 거기다 뭐야, 이 화장지. 판지처럼 딱딱해."

"냉장고 안에 아무것도 없잖아. 욕실에는 세탁비누 같은 게 하나 떡하니 놓여 있을 뿐이고. 큰일이네."

10년쯤 전에는 외국인 전용 최고급 호텔로 선정된 곳마저도 저 정도였던 것이다. 하지만 지금은 구舊 사회주의 국가들의 수도에도 다국적 호텔 자본이 속속 진출해, 도쿄 한가운데에 있는 고급 호텔과 비교해도 손색없는 외양과 내실을 자랑하고 있다.

"이제 겨우 제대로 된 호텔이 생겼네요. 냉방도 굉장히 잘되는데요."

"토산물 같은 것도 정말 세심하게 신경 쓴 물건들이 나왔어요."

"미국에서 연수를 받고 왔다는 남자가 프런트를 맡고 있다고 합니다. 그래서인지 서비스가 철저하네요."

일본에서 온 재계 인사, 학자, 저널리스트 들은 쾌적하고 편안한 호텔 덕에 기분이 매우 좋아졌다. 그 나라에 대해 가지고 있던 인상도 좋아져 "개혁이 순조롭게 이루어지고 있는 것 같군요"라고 했다.

그야 서양 버전으로 근대화된 공항과 호텔을 고급 리무진으로 왕복하는 한 확실히 그 말 그대로다. 하지만 호텔 울타리를 벗어나 펼쳐지는 세계에 한 걸음이라도 발을 들이면, 너무나도 극명한 대비에 현기증이 날 것이다. 그곳에서는 대다수의 사람이 에어컨이나 수세식 화장실과는 인연이 없는 세계에 살고 있다. 칫솔과 면도기를 한 번 쓰고 버리는 건 상상도 못할 일이다. 선진국 사람들은 피부로 느끼는 쾌적함과 편리함을 위해 얼마나 많은 자원과 에너지를 낭비하는 것인가. 그런 현대 세계의 불합리한 구도를 갑자기 코앞에 들이밀다니, 그 무거운 죄에 몸 둘 바를 모르겠다. 선진국은 딱 이 호텔처럼 개발도상국의 거대한 바다에 붕 떠 있는 고독한 섬 같다.

　언젠가 벌을 받게 될 것이다. 분명히 비행기 - 공항 - 리무진 - 호텔, 이 점과 선 위를 벗어나지 않고 이동하는 한, 결코 '여행'이라고 말하지 않을 것이다.

# 아버지와 딸


아마 내가 세 살 때였을 것이다. 매일같이 넋을 잃고 바라보던 미녀가 있었다.

'어쩜 이렇게 예쁠까?'

페로의 『잠자는 숲속의 미녀』를 유아용으로 각색해 『잠자는 공주』라고 이름 붙인 그림책 표지 속 공주님은 사랑스럽게 고개를 기울인 채, 우아한 미소를 지으며 나를 바라보고 있었다.

"아아, 이렇게 예뻐지면 좋겠다."

나도 모르게 소리 내어 중얼거리고 말았다.

"마리가 그 공주님보다 더 예뻐."

아버지였다. 하지만 아무리 아이라고 해도 거짓말인 게 뻔하다고 생각했다.

"쳇, 그렇지 않아."

그런데도 아버지는 열심히 말해주었다.

"아니야. 마리가 훨씬 더 귀엽고 멋져."

몇 번이고 들으니 그런가 하는 기분이 조금 들었다.

거울 앞에 서서 책 표지의 공주님과 같은 포즈를 취하고, 똑같이 미소 지었다. 거울에 책 표지도 비춰 내 모습과 몇 번이고 비교해봤다.

"역시 공주님이 더 예뻐."

조금 실망했지만, 아버지가 그렇게 말해준 것은 40년이 넘게 흐른 지금도 선명하게 떠오른다. 어지간히 기뻤던 모양이다.

'아버지에게는 어떤 딸이라도 공주님'이라고들 하지만, '세상 모두가 나를 버린다고 해도 아버지만은 언제나 든든한 내 편이 되어줄 것'이라는 확고한 자신감이, 어린 마음에 미지의 세계에 발을 디딜 수 있는 용기를 내게 해준 기분이 든다.

초등학교 3학년 때, 아버지가 당시의 체코슬로바키아에 부임하게 되어 프라하에 집을 빌렸다. 그곳에서 결국 5년 동안 살게 되었지만, 프라하의 학교에 막 전학했을 때는 매일 학교에 가는 게 말로 다 할 수 없을 정도로 고통스러웠다.

선생님의 설명도, 학교 아이들의 수다도 전혀 이해할 수 없는 환경에 갑자기 내던져진 것이다. 매일 4~6시간 정도 무슨 소린지 종잡을 수 없는 수업에 계속 출석해야 한다는 것은 고문과 다름없었다. 학교 아이들에게 짓궂은 장난을 당했을 때 따지거나 선생님께 이를 수도 없다는 게 얼마나 억울했는지, 모두가 웃고 있을 때 같이 웃지 못하는 것이 얼마나 외롭고 슬펐는지 모른다.

일본에서 가져온 세계문학전집 중 안데르센의 『인어공주』를 읽고 눈물이 멈추지 않았다. 자신의 마음을 한 마디도 전하지 못하고 사라져가는 인어공주는 바로 내 모습이었다.

아버지는 그런 나를 걱정스럽게 지켜봐주셨다. 숙제할 때는 사전을 짚으며 번역해주기도 했다. 나의 인어공주 시대가 불과 반년으로 끝난 것은 아버지 덕이기도 했다.

"이번 여행에서 걸작 별명이 붙고 말았어요."

그날 러시아에서의 방송 취재에 동행하고 두 달 만에 귀국한 나는 현관까지 마중 나온 아버지의 얼굴을 보자마자 보고하기 시작했다.

"저보고 동백 아가씨椿姬래요."

내 말을 들은 순간 아버지의 얼굴이 어두워진 것을 보고, 알렉상드르 뒤마의 『춘희』의 여주인공이 고급 창부였음이 떠올라 서둘러 덧붙였다.

"러시아에 그 퍼석퍼석하고 마른 빵 있잖아요. 그 빵으로 만든 샌드위치 2인분을 음료수도 없이 다 먹어치웠거든요. 그래서 '동백 아가씨'라는 별명이 붙었어요. 타액이

풍부하다고요." 동백나무를 뜻하는 일본어 쓰바키つばき는 타액을 뜻하는 단어와 발음이 같다.

아버지의 표정에서 근심스러운 기색이 순식간에 걷히고 입매가 풀어졌다. 무엇보다 그 미소에는 희미한 씁쓸함이 느껴졌다. 결혼 적령기를 넘겨버린 색기 없는 딸에 대한 안도와 포기와 걱정이 어린 미소였다.

아버지가 돌아가시기 1년 전, 지금으로부터 16년도 더 된 일이다. 나는 이 '동백 아가씨'라는 별명이 정말 좋다. 튼튼한 위장과 풍부한 타액은 아버지에게 물려받은 게 틀림없으니까.

# 행복과 불행

학생 시절, 운이 좋게도 수입이 꽤 짭짤한 가정교사 아르바이트를 하게 된 적이 있다. 방과 후 편도 두 시간 가까이 걸리는 도쿄 교외의 저택에 매주 두 번씩 다니기는 꽤 힘들었지만, 당시 가정교사 평균 수업료의 네 배나 되는 액수를 받았기 때문에 아르바이트는 그것 하나만 해도 충분했다.

어느 날 수업을 마치고 제자인 두 자매와 수다를 떨면서 홍차와 과자를 먹고 있는데, 두 아이의 어머니가 말을 걸어왔다.

"선생님 생일은 4월이죠?"

"우와, 좋겠다, 좋겠다."

자매는 진심으로 부러워하는 것 같았다. 무슨 얘긴지 전혀 감이 잡히지 않아 적당히 미소만 짓고 있는 나를 향해 부인이 갑자기 고백하기 시작했다.

"선생님, 저, 이 일만은 큰딸에게 면목이 없어요. 돌이킬 수 없는 일을 저질렀죠. 일생일대의 불찰이에요. 정말 어떻게 해야 좋을지."

부인의 말을 뒷받침하기라도 하듯 큰딸은 사랑스러운 얼굴을 일그러뜨리며 당장에라도 울음을 터뜨릴 것 같았다.

"괜찮아, 엄마. 이젠 포기했으니까."

"이렇게 말하니 괜히 더 측은하고 가여워서……."

부인은 목이 멘 듯 말을 잇지 못한다. 두 딸도 슬픈 듯이 고개를 숙인다. 한 가정의 일대 비극이라는 느낌이다.

아버지는 유명한 병원의 잘생긴 원장, 아름다운 데다 자산가의 딸이기도 한 부인, 건강하고 총명하고 귀여운 두 딸. 행복을 그림으로 그린 듯한 이 가정에 도대체 뭐가 문제인 걸까? 나는 호기심이 뭉게뭉게 솟아올라 몸을 앞으로 들이밀었다.

"뭔가, 제가 도움이 될 수 있다면……."

"아니에요, 선생님. 이 일만은 어떻게도 손쓸 수 없는 일이랍니다."

축 처진 부인의 목소리는 당장에라도 꺼질 것만 같았다. 혹시 주제넘은 말을 해 마음의 상처에 소금을 뿌린 게 아닐까. 점점 흥미가 커졌지만 아무 말도 할 수 없었다. 묵묵히 홍차를 홀짝거리는 소리만이 넓디넓은 저택에 울려 퍼졌다.

"큰딸이 이렇게 되었으니 작은딸을 낳을 땐 저도 세심하게 주의를 기울였어요. 그 덕에 10월에 낳을 수 있었죠."

"……."

"그러고 나니 큰딸이 더 가여워져서……. 첫아이는 조산<sub>早産</sub>하는 경우가 많다고 하잖아요. 계산으로는 9월이 예정일이었는데 8월에 태어난 거예요."

그게 뭐 어쨌다는 거지. 나의 의아한 표정을 눈치챘는지, 부인은 서둘러 말을 덧붙였다.

"10월의 탄생석은 오팔, 9월은 블루 사파이어잖아요. 그런데 8월은……"

"엄마, 말하지 마!"

갑자기 큰딸이 비명을 지르며 두 손으로 귀를 막고 방으로 뛰어 들어갔다. 부인은 절망적인 표정이 되었다.

"8월은, 8월의 탄생석은 호마노<sub>縞瑪瑙 겹겹이 여러 빛깔의 줄이 져 있는 마노</sub>잖아요."

"……."

"호마노 따위, 보석이라고도 할 수 없는 시시한 돌덩어리 아닌가요. 불쌍하기도 하지, 반지를 만들어줄 나이가 됐는데 저 아이는 '호마노 반지 같은 건 필요 없어'라는 거예요."

마지막 말은 거의 흐느낌에 가까웠다.

사람은 어떤 행복 속에서도 불행을 찾아내는 천재구나 하고 감탄하면서 집으로 향하던 나는 마지막으로 부인이 입에 담은 말을 떠올렸다.

"선생님은 좋으시겠어요. 4월의 탄생석은 다이아몬드잖아요."

보석과는 연이 없는 인생을 보낼 게 틀림없는 내가 왠지 엄청난 행운아인 듯한 느낌이 들었다. 사람은 어떤 불행 속에서도 행복을 발견하는 어수룩함도 함께 갖추고 있는 것이다.

# 점쟁이들

프로 점쟁이에게 '신세를 진' 적이 두 번 있다. 첫 번째는 긴자 거리 모퉁이에서 불러 세워졌을 때였다. 호기심도 생기고 해서 손금을 봤는데 결론부터 말하자면, 대단한 체하던 그 초로의 남자의 점괘는 100퍼센트 어긋났다.

"귀여운 따님과 아드님이 있군요. 3년 안에 남편이 사고를 당합니다. 구사일생으로 살아난다 해도 평생 반신불수가 되겠어요."

아니, 결혼도 안 한 나한테 대고 그렇게 자신만만하게 단언하는 것이었다. 그러고 보니 왼손 약지손가락에 반지를 끼고, 집에서 키우는 고양이에게 주려고 산 장난감이 담긴 쇼핑백을 흔들고 있던 내 모습을 보고 걸려든 것 같다. 어쩐지 남자가 안쓰러워서 결국 진실을 말하지 못하고 8000엔이나 바가지를 쓰고 말았다.

두 번째는 매스컴에서도 평판이 높은 신주쿠의 점쟁이

였다. 젊은 여성들이 끊이지 않고 줄을 서 있다. 한 시간 반이나 서 있었을까. 내 차례가 되어 그 여자 점쟁이가 대기하는 책상 앞 의자에 앉는데 나와 눈이 마주쳤다. 그러자 그녀는 "네, 오늘은 여기까지. 내일 봅시다" 하며 서둘러 장사 도구를 접고는 철수해버렸다.

"뭐? 말도 안 돼!" 하고 등 뒤에서 웅성거리는 여자애들에게 물어보니, 평소에는 지금보다 두 시간은 더 영업을 한다고 했다. 눈이 마주친 그 순간, 여자 점쟁이는 내 눈 속에서 절대 그녀를 신용하지 않겠다는 의심에 가득 찬 마음을 읽어낸 것이 아닐까. 나는 확실히 마치 사기꾼을 보는 듯한 눈초리를 그녀에게 보냈다. 자기를 의심하는 손님을 점칠 자신은 없다. 절대적으로 신뢰하는 사람만을 상대한다. 그런 규칙을 정하고 손님을 골라내는 신주쿠의 그녀는 점쟁이로서는 어떤지 몰라도, 프로로서는 긴자의 남자보다도 몇 수 위이기는 했다.

재밌게도 내가 만난 진짜 점쟁이는 전혀 다른 분야에 있었다. 한때 엄청난 어깨 결림에 시달렸던 나는 솜씨 좋은 지압사가 있다는 소문을 들으면 반드시 찾아가 문을 두드렸다. 소문대로 대단할 때도 있었지만, 실망스러울 때도 많았다.

A 선생님은 평판 이상 정도가 아니라 상상을 초월할 정도로 훌륭했다. 별은 밝기에 따라 1등성부터 6등성까지

의 등급으로 분류되는데, A 선생님의 손끝은 차례차례, 조금의 흔들림도 없이 별로 치면 1등급의 뜸자리를 찾아 냈다. 펄쩍 뛸 만큼 극심한 통증이 느껴졌지만, 다음 순간 딱딱하게 뭉친 근육이 거짓말처럼 풀렸다.

신이 아닐까, 마법사가 아닐까. 처음 만났을 때에는 그저 평범한 아저씨로밖에는 보이지 않았던 A 선생님의 모습이 별안간 눈부시게 빛났다. 나도 모르게 자세를 바로잡으며 가르침을 청하고 말았다.

"선생님, 저는 왜 이렇게 어깨가 결리는 걸까요?"

신은 조금도 웃지 않고서 내뱉었다.

"성격이 못됐어!"

어라, 지압사라는 거 서비스업이 아니었구나 싶을 정도로 당당하다. 그렇게까지 말하면 이쪽도 물고 늘어질 수밖에 없다.

"아, 아, 아니, 제 성격의 어떤 부분이 나쁜데요?"

"우선, 당신 방 말인데…… 청소 전혀 안 하지? 방바닥이나 어질러진 책상 위에 먼지가 수북한 게 눈에 선해."

움찔.

"어, 어, 어떻게 아셨어요?"

"그렇게 기본적으로 게으르고 덤벙대는 성격이면서, 엉뚱한 데에서 괜히 신경질적으로 꼼꼼한 구석이 있구먼."

흠칫.

"세밀한 근섬유를 따라가다 보면, 이렇게 결리는 사람은 저렇게 신경을 쓰는구나 하는 경향이 보이지."

점술, 즉 사소한 전조에서 중요한 사태를 읽어내는 기술이란 다수의 사례에서 공통되는 인과관계를 이끌어내는 능력과 같다. 통계와 관찰력이 내린 선물이라고 말할 수 있을지도 모른다.

# 동심

어느 경제 단체에 강사로 초빙된 R 씨의 통역을 담당하고 돌아가던 길에 주최자가 가까운 신칸센 역까지 전세 승용차를 준비해준 적이 있다. 한 시간 정도 걸리는 거리를 R 씨와 둘만 있으려니 조금 거북했다. 그도 그럴 것이, 강연하는 모습으로 추측하건대 R 씨는 무서울 정도로 융통성 없는 딱딱한 사람이었기 때문이다. 적당히 분위기를 띄우는 짧은 재담 하나도 강연 중에 넣지 않다니, 이 사람 정말 러시아인 맞나? 게다가 마피아 보스를 방불케 하는 살벌한 얼굴은 신경질적으로 굳어 있었다.

아니나 다를까, 차를 타고 잠깐 겸연쩍은 침묵이 흘렀다. 나는 더는 견디지 못하고 마지못해 입을 열었다.

"가족 분은 어떻게?"

지극히 무난한 질문을 던졌다. R 씨는 귀찮다는 듯 우물거리며 말했다.

"아내와 아들 하나, 딸 둘이 있습니다. 막내딸이 이제 아홉 살이 되었죠."

R 씨는 그렇게 말하자마자 갑자기 커다란 등을 굽히고 몸을 떨면서 기묘한 소리를 냈다.

"큭큭큭."

보통 체중 85킬로그램 이하는 남자도 아니라는 소리를 하는 러시아에서도 몸집이 큰 편에 속하는 R 씨는 대형 승용차의 뒷좌석 3분의 2를 점령하고 있었다. R 씨가 거구를 떨고 있으니 당연히 좌석 전체가 덜덜덜 진동해서 옆에 앉은 내 몸까지 떨렸다.

속이 안 좋기라도 한 걸까. 차를 세워달라고 해야겠다 싶어 운전기사에게 말을 걸려던 때였다.

"막내딸이, 큭큭큭, 아직도 엄지공주가 존재한다고 생각하고 있어요. 큭큭큭."

목을 조여오는 듯한 괴로운 소리는 R 씨의 웃음소리였던 모양이다.

"엄지공주라면, 안데르센 동화에 나오는 엄지공주 말인가요?"

"그래요, 그거. 큭큭큭, 요전에 아내가 그런 소릴 해서, '말도 안 돼. 아무렴 그럴 리가 있으려고'라고 말했죠. 그랬더니 아내가 정색을 하면서 이렇게 말하더라고요. '아니요. 그 아이는 네 살 때 엄지공주를 처음 알게 된 뒤부터 쭉 화분에 튤립을 키우고 있어요. 꽃봉오리가 피면 반드시 꽃잎 속을 들여다보면서 말을 건답니다. 엄지공주님, 엄지공주님 하면서요.'

귀엽지 않나, 뭐가 문제냐고 물었더니, '학교 들어가기 전이라면 괜찮겠지만, 얘도 이제 아홉 살인데 걱정이에요. 이제 슬슬 사물을 과학적으로 보는 방법을 익혀야죠. 당신이 말 좀 해줘요'라고 하는 거예요. 큭큭큭.'

그러고 보니 나도 초등학교 2학년 때까지 엄지공주가 정말 있을지도 모른다고 생각했다. 하지만 한편으로 세상 사람들 대부분 엄지공주가 있다는 건 말도 안 된다고 생각한다는 것도 알고 있었기 때문에 내 생각이 조금 창피하기도 했다. 그래서 학교 화단에 있던 튤립의 꽃봉오리가 피면 제일 처음으로, 하지만 남몰래 뛰어가 하나하나 자세히 확인했다. 친한 친구이던 아야코에게 이 얘길 하니 "나도 엄지공주는 있다고 생각해" 하고 말해주었다. 그래서 방과 후 둘이서 Q 공원에 가 화단에 흐드러지게 핀 튤립을 하나하나 살펴보고 다녔다. 다음 날은 P 공원, 그다음 날은 S 공원까지 범위를 넓혔다.

R 씨에게 나의 경험을 이야기했더니 그는 다시 거구를 흔들며 웃어댔다.

"큭큭큭, 생각해보니 나도 열 살이 될 때까지 산타클로스가 있다고 믿었으니까요."

그의 얼굴에서 조금 전까지의 무시무시한 느낌이 거짓 말처럼 사라지고, 산타클로스 의상이 어울릴 것처럼 보였다.

"이야, 고맙소. 오늘 태어나서 처음으로 강연이란 걸 했더니 온몸이 딱딱하게 굳었는데 당신 덕분에 이제 좀 풀린 것 같아요."

"아니에요, 엄지공주 덕분이겠죠."

"크크크, 그것도 그렇네."

# 귀고리

"와, 귀엽다!"

나도 모르게 안을 들여다봤다. 프라하로 거처를 옮긴 지 얼마 지나지 않은 가을, 여동생과 가까운 공원을 산책하다가 만난 젊은 부인이 끄는 유모차였다. 기온이 영하에 가까운 추위 속에서 포근한 담요에 싸인 아기가 새근새근 잠자고 있었다. 통통한 볼은 꼬집어주고 싶을 정도로 포동포동했다. 태어난 지 반년도 안 되었을 작디작은 여자아이. 연분홍색 모자는 몇 겹이나 되는 레이스로 장식되어 있었고, 꽃잎 모양의 레이스가 붙어 있는 부근에 살짝 감춰진 귓불이 붉게 반짝이고 있었다.

나와 여동생은 눈을 휘둥그레 뜨며 몸을 뒤로 젖혔다. 붉은빛은 보석 같았다. 그 보석은 귓불에 파묻힌 듯이 보였다.

"태어난 아기가 여자아이일 경우, 그대로 병원에서 귀

를 뚫어준다고 하더구나."

전부터 프라하에서 살던 일본인 아저씨가 알려주었다.

"그냥 내버려두면 구멍이 막혀버리니까 순금 귀고리를 끼워두는 것이지."

그 후 신경이 쓰여 길을 오가는 여성들의 귓불에 눈이 갔다. 그러고 보니 취학 전 아이들부터 비칠비칠 걷는 할머니까지, 열에 아홉은 귀에 귀고리를 하고 있었다. 과연 목축민의 후예답다. 말이나 소의 고삐처럼 귀고리가 마치 몸의 일부 같았다.

"어머, 귀에 구멍을 안 뚫었네."

체코인 여자아이들의 경우, 친해지면 자주 이런 말을 했다.

"클립(뚫지 않는 귀고리)이면 귀가 아프니까 너도 뚫으면 좋을 텐데."

"아냐, 어른이 돼도 귀고리 같은 거 할 생각 없으니까."

이렇게 대답하면서 그 당시 봤던 영화의 한 장면이 떠올라 몸서리를 쳤다. 제목도 잊어버린 그 영화에서 두 여자가 한 남자를 둘러싸고 온갖 욕을 퍼부으며 달려들어 싸운다. 클라이맥스 부분에서 한쪽 여자가 또 다른 여자의 귀고리를 죽 잡아 뜯어 귓불이 찢어져 핏방울이 뚝뚝 떨어진다.

아아, 무서워. 그런 꼴을 당하지 않도록 만일 귀고리를 하게 된다고 해도 클럽에 만족하자. 그때는 그렇게 생각했다.

나는 십대 초반부터 이십대 중반까지 무용수를 꿈꿨다. 그렇다고 해도 외모도 명백히 재능의 일부라는 클래식 발레는 스스로 분수를 깨닫고 일찌감치 포기했다. 하지만 민속무용 같은 성격무용고전무용의 하위 장르로, 민속무용에 기초해 배역의 성격을 나타내는 제스처나 동작이 있는 무용이라면 그래도 가능하지 않을까. 그런 한 가닥의 희망을 버리지 못해 무용학교에 다닌 적도 있다. 외국 민속무용단의 공연이 있다는 소식을 알게 되면 밥을 몇 끼 굶어서라도 표를 구했고, 훌륭한 플라멩코 댄서가 어떤 가게에 나온다고 들으면 무조건 보러 갔다.

그 시절 귀고리 구멍을 뚫을까 말까 한참 고민했다. 클립형 귀고리는 한참 춤추는 도중에 떨어지는 일이 잦았다. 떨어지지 않아도 떨어질까 봐 신경이 분산되었다. 피어스형이라면 절대 떨어지지 않을 테지. 게다가 내 인생에 멱살을 움켜쥐며 싸울 정도의 드라마는 일어나지 않을 거라는 건 이미 알고 있었다.

24K 순금 귀고리를 사서 몇 번이고 귀를 뚫으러 시술하는 곳의 문 앞까지 가기도 했다. 하지만 결국 문을 두드리지는 못했다. 망설인 이유는 그 시절 전직 플라멩코 댄서였던 스페인인을 만났기 때문이었다. 여든 살을 족히

187

넘긴 그녀의 귓불에는 언제나 커다랗고 화려한 귀고리가 달려 있었다. 하지만 한층 더 눈에 띈 것은 귀고리가 아니라 귀고리 구멍이었다. 중력의 방향으로 축 처져 원래 모습으로 돌아오기란 무리일 정도로 늘어진 귓불은 눈을 돌리고 싶을 만큼 그로테스크했다.

그 후 무용에 대한 재능이 없음을 깨닫고 단념한 내 손에는 지금도 순금 귀고리가 있다. 어느 날 그걸 보면서 깨달았다. 내가 귀를 뚫는 것을 망설인 이유는 그 구멍의 그로테스크한 미래형을 봤기 때문이 아니라, 의지할 것이라곤 재능밖에 없는 춤이라는 불안정한 분야에 인생 전부를 걸 자신이 없었기 때문이라는 것을 말이다.

# 무대의 마력

앞에서 썼듯이 이십대 중반까지는 춤을 추며 생활할 수 있다면 그것처럼 행복한 일은 없을 거라고 생각했다. 그래서 학생 시절에는 예행연습을 할 생각으로, 동료를 모아 민속무용 연구회를 만들었다.

모두에게 잘 알려진 무용만이 아니라 아무도 본 적이 없을 것 같은 춤을 발굴해서 추고 싶었다. 당연히 관련 문헌도 눈에 띄는 대로 훑어봤다. 하지만 문자로 표현된 무용을 이미지로 떠올리는 건 제법 어려웠다.

그래서 텔레비전의 기행 프로그램 등에서 미지의 지역을 안내할 때는 될 수 있으면 놓치지 않고 보려고 애썼다. 비디오가 보급되지 않았던 시절이라 희귀한 무용을 보면 메모해두고 바로 방송국에 전화를 걸어 그 무용과 음악에 대해 더 자세한 정보를 입수하는 방법을 알아봤다. 될 수 있으면 그 춤을 실제로 추는 사람을 찾아내는 것이 이상적이었지만, 그런 행운은 좀처럼 만날 수 없었다.

어떻게든 음악을 손에 넣고, 한두 번밖에 못 본 춤에서 그 민속무용 특유의 형태를 뽑아내어 익히고, 동작을 고안하고, 5~10분 정도 길이의 발표 작품으로 만들었다. 무척 힘들었지만 그만큼 즐겁기도 했다.

발표 무대는 우리 대학 축제였다. 평판을 들은 다른 대학의 축제에 초대를 받아 순회공연 흉내까지 내봤다. 물론 출연료 같은 건 나올 리 없었고 최소한의 교통비 정도를 받은 게 전부였지만, 무대에 올라 스포트라이트와 수많은 시선을 받으며 몇 개월간 공들여 연습했던 것을 형태로 만들어낼 때의 황홀감을 맛보고 만 우리는, 지구 끝의 무대라고 해도 나갈 각오였다.

분명 무대의 마력에 홀리기 시작한 것이다. 나도 동료들도 몸 상태가 좋거나 부상이 없던 적은 한 번도 없었다. 오히려 공연에 맞춰 엄격한 레슨을 받은 탓에 몸 여기저기에 폭탄을 안고 있었다. 발목을 삐어 걷기 힘든 사람도 있었고, 고열이 나서 며칠간 음식을 입에 댈 수 없던 사람도 있었다. 나도 오늘은 절대 무리다, 무대에 서는 건 포기하자 하고 몇 번이고 생각했다.

그런데 막상 무대에 서고 음악이 울리기 시작하면 그토록 참기 힘들던 통증이 어디론가 날아갔다. 몸이 갑자기 가벼워져 마치 다른 차원의 세계로 빨려 들어가는 듯한 느낌이었다.

이것은 나에게만 일어난 진기한 현상이 아니다. 다리뼈에 금이 가 공연 직전까지 목발을 짚던 동료가 다리와 허리를 격하게 움직이는 카자흐스탄 민속무용을 멋지게 추며 즐거운 듯이 날고 뛰고 공중제비까지 도는 게 아닌가.

몇 번이고 앙코르에 응하고 나서 박수갈채를 받으며 의기양양하게 무대 뒤로 퇴장하는 그에게 동료들이 달려갔다.

"괜찮아, 다리?"

"응, 희한하게 전혀 안 아팠어."

그는 말을 마치고는 얼굴을 찡그리며 쓰러졌다. 무대라는 이름의 '마약'의 약효가 다 떨어진 것이다. 그렇다 해도 무시무시한 마력이라고 그때는 생각했다. 고작 학생들의 소꿉놀이 같은 무대라도 이렇게나 엄청난 힘을 품고 있다.

속된 표현으로 '예술가와 거지는 사흘만 하면 그만두지 못한다'라고 한다. 무대의 마력에 홀리면 자신의 인생을 스스로 조절할 수 없게 되지 않을까. 그 공포에 몸이 움츠러들었다. 재능도 없으면서 이 매력에 빠져버린다면 파멸뿐이다.

내가 도망치듯이 무용을 그만둔 까닭은 그 때문이었던 것 같다.

# 대담한 예측

프라하의 소비에트 학교에 다닐 때, 국어 수업에서 구비문학에 대해 배운 적이 있다. 문학이라면 문자로 쓰인 것뿐이라고 생각하기 쉽지만, 세계 모든 민족에게는 입에서 입으로 전해져온 구비문학의 풍부한 전통이 있다. 문자로 쓰인 문학은 구비문학의 양분을 끊임없이 흡수하면서 발달했다.

국어 수업은 각자가 알고 있는 구비문학을 한 사람당 하나씩 발표하는 식으로 흘러갔다. 나는『꽃 피우는 할아버지』이야기를, 헝가리인 소년은『곰보 암탉 이야기』를 들려줬다.

다음으로 러시아인 소년 N이 일어나 이렇게 말했다.

"그럼, 저는 수수께끼 놀이로 하겠습니다. 흐루시초프는 어느 주머니에 빗을 넣었을까요? 오른쪽? 왼쪽? 아니면 가슴에 달린 주머니? 자, 어딜까요?"

반 아이들은 각자 "오른쪽" "왼쪽" "바지 뒷주머니" 등 답을 말하기 시작했다. N은 한 바퀴 돌아 학생들의 답을 다 들은 뒤 의기양양하게 말했다.

"유감이군요. 빗은 어느 주머니에도 들어 있지 않아요. 흐루시초프의 머리 모양에는 빗이 필요 없으니까요."

교실 안은 폭소로 뒤덮였다. 선생님도 같이 배를 잡고 웃었으면서 갑자기 떠올랐다는 듯이 "어떻게 그런 조심성 없는 말을 하는 거예요! 무례하군요!" 하며 화를 내, N은 수업이 끝날 때까지 복도에서 벌을 서는 처지가 되었다.

중소논쟁1963년 7월부터 1964년 7월까지 중국 공산당 지도부와 소련 공산당 지도부 사이에 벌어진 국제공산주의운동의 원칙적 문제에 관한 논쟁이 한창이던 1964년에 베이징에 들렀을 때, 중국의 중요 인사가 다음과 같은 재담을 들려주었다.

"올해 소련의 밀 수확은?"
"흐루시초프의 머리 모양과 같다."

서툴게 비꼬아 그다지 재미없는 재담이긴 했지만, 어린 마음에 지도자가 되면 아무 죄 없는 외모의 특징마저도 도마 위에 오르는 운명을 받아들여야 하는구나 하고 생각했다.

그로부터 18년 뒤인 1982년 11월의 일이다. 소련 공산당 서기장이자 소련 최고회의 의장인 브레주네프가 사망했다. 흐루시초프를 공산당 제1서기 자리에서 실각시켰던 브레주네프가 그 자리에 취임했을 때가 1964년이었으니, 20년 가까이 초강대국의 최고 권력자로 군림한 것이다. 당연히 그의 죽음은 한 시대의 종언으로 받아들여져 일본의 각 방송국도 앞다퉈 장례식 모습을 전했다. 아나운서, 현지 특파원과 나란히 소비에트 전문가인 대학교수도 해설가로 등장했다. 어느 방송국이었는지 잊었지만, T 교수가 새된 목소리로 다음과 같은 해설을 한 것이 인상적이었다.

"'반들반들 덥수룩 이론'이라는 게 있습니다. 소련은 반들반들한 대머리 지도자와 덥수룩한 머리 모양의 지도자가 교차해서 등장한다는 겁니다. 레닌의 경우는 반들반들, 브레주네프는 덥수룩했죠. 이 법칙에 따르면, 다음 지도자는 반드시 대머리일 겁니다."

장례식장에서 하기에는 너무나도 조심성 없고, 대학교수답지 않게 학식이나 교양과는 동떨어진 대담한 예측이라 무척 놀랐다. 하지만 안드로포프, 체르넨코처럼 나이 많은 인물들의 단기 정권을 거쳐 서기장의 자리를 차지한 인물은 과연, 반들반들 대머리의 고르바초프였다.

1991년 8월 소련 붕괴로 이어지는 쿠데타가 일어났을 때, 또다시 T 교수가 텔레비전에 등장해서 예의 그 지론을 전개했다.

"반들반들 고르바초프의 뒤를 이을 자는 덥수룩한 머리의 옐친입니다. 법칙에 딱 들어맞아요."

"저 촉새가 지치지도 않고 저런 말을 계속……" 하고 동료인 러시아 학자들은 눈썹을 찡그렸지만 '법칙'은 다시 적중했다. 이렇게 되니 이 이론을 믿고 싶어지는 게 사람 마음이다. 옐친의 후임으로 올 러시아 대통령은 모스크바 시장인 루시코프가 유력하다고 생각한 데에는 반들반들한 머리 때문인 것도 있다. 루시코프의 낙선으로 이 법칙은 사라졌다. 하지만 이 선거에서 러시아 2대 대통령으로 취임한 푸틴의 머리는 틀림없이 점점 반들반들해지고 있다. T 교수님, 대단하세요!

마부와 택시 운전사

# 대리전쟁

냉전시대, 동서 양 진영 각각의 두목 격이었던 아메리카 합중국과 소비에트연방 사이에 직접적인 결투는 다행히도 없었다. 핵 초강대국 간에 전쟁이라도 터지면 그게 바로 제3차 세계대전이고, 인류의 멸망을 의미하는 것이나 다름없다는 걸 누구도 의심하지 않았다. 이런 일은 누가 뭐래도 일어나서는 안 된다.

그런 까닭에 제3차 세계대전은 피할 수 있었지만, 그 대신 한반도, 인도차이나 반도, 모잠비크, 아프가니스탄 등 세계 각지에서 몇 번의 대리전쟁이 일어났다. 전쟁으로까지 발전하지 않은 소규모 전투나 쿠데타까지 포함하면 일일이 셀 수도 없을 것이다.

본디 그 지역의 사정에 기인한 모순과 대립에서 분쟁이 촉발된다. 그러다 머잖아 분쟁의 한쪽 당사자를 동서 어느 쪽의 진영이 지원하고, 그러면 반대쪽의 후원자로는 또 다른 동서 어느 쪽의 진영이 나서는 식이다. 그리고 두쪽 다 무슨 일이 일어날지 몰라 불안할 정도로 기세가 고조된다. 투입되는 병기와 동원되는 병력이 점점 늘어나고, 전투는 격렬해지며, 눈을 가리고 싶을 만큼 잔학한 일도 늘어만 간다. 방금 열거한 전쟁 중에는 이제 더는 대리인에게 맡겨둘 수 없다는 듯 한쪽 두목이 적극적으로 나선 예도 적지 않다. 하지만 양쪽 두목이 직접 전쟁에 착수하는 일만은 절대 일어나지 않았다.

신기하다고만 생각했는데, 최근 이러한 흐름에서 일종의 법칙을 발견했다. P. 아르타모노프라는 러시아의 심리학자가 행한 실험이 그 계기였다.

아르타모노프 박사는 두 쌍 중 한 쌍이 넘게 이혼할 정도로 이혼율이 상승하고 있는 러시아의 현실을 어떻게 막을 수 있을까 여러모로 실험을 해왔던 사람으로, 자신의 연구 그룹의 스태프와 함께 페테르부르크 시내에 몇 군데의 상담소를 세웠다. 이혼하기 전에 조금이라도 상담해보면 어떨까 하는 뜻에서다. 이렇게 수집한 몇 가지 사례를 통해 박사가 고안한 방법이 인형극 치료다. 이혼 직전의 부부 각자에게 인형을 주고, 상대방에 대한 불만과 울분을 인형을 통해 모조리 털어내는 것이다.

그랬더니 재밌게도 인형극의 부부싸움은 대사도 실제 싸움보다 과격해졌고, 야단스럽게 치고받고 싸운 끝에 살

인까지 저지르는 사례가 속출했다. 하지만 당사자끼리는 반대로 훨씬 객관적으로 서로를 바라보게 되어 다행히도 화해에 이르는 경우가 많았다고 한다.

이것은 일종의 카타르시스로, 문학 작품이나 영화, 스포츠 시합 등을 통해 마음속의 모순을 해소하는 방식과 똑같은 현상이다.

이 실험에서 발견해낸 법칙이 무엇인가 하면, 당사자 자신의 소망을 대행하는 비非당사자 쪽이 당사자보다도 우스꽝스럽고 잔혹할 정도로 열광하게 된다는 것이다.

가까운 예를 들어보자. 1998년 월드컵에서 득점에 실패한 포워드 조 쇼지를 향한 도를 넘은 비난은 섬뜩할 정도였다. 나리타 공항으로 귀국했을 때 물을 끼얹은 서포터도 있었다.

훌륭한 지위와 학력에 대해서도 본인보다도 그의 어머니나 부인이 이를 내세우는 경우가 많다. 이 법칙에 따르면 어머니들의 치맛바람 퇴치법은 단 하나다. 어머니들 자신이 자녀의 수험과 인생의 당사자가 되는 것이다.

처음의 이야기로 돌아가면, 미소美蘇는 딱 한 번 직접 대결할 뻔한 적이 있었다. 1962년 쿠바 위기 때다. 그때는 두 나라 모두 뜻밖에 냉정하고 침착한 태도를 유지하며, 스스로를 무척 억제하는 행동을 취했다.

그러니 앞부분에서 냉전시대에 다행히도 미소의 직접

적인 결투는 피할 수 있었다고 썼지만, 실은 '불행히도'라고 바꿔 말해야 하는지도 모른다.

# 그림자 연극

재작년 여름, 알타이 산맥 기슭에 있는 키르기스 공화국을 방문했을 때의 일이다. 저녁식사 후 호텔 근처를 산책하고 있는데 여자 둘이 말을 걸었다. 두 사람은 내가 일본인이라는 소리를 듣더니, 호기심을 드러내며 이것저것 물어보기 시작했다.

"일본은 여름에 엄청나게 덥다고 책에 쓰여 있던데, 에어컨이 없던 옛날에는 어떻게 버틴 거예요?"

나는 일본의 전통 가옥이 애초부터 여름에 살기 좋게 바람이 잘 통하고 그늘을 충분히 활용할 수 있도록 고려한 구조로 지어졌다고 설명했다. 그 시절의 일본인은 시원함을 얻기 위해 유령 이야기라면 사족을 못 썼다고 덧붙이니 그들은 의아한 표정을 지었다.

"무서운 이야기란 게 등골을 오싹하게 만드니까 더위를 잊을 수 있잖아요."

"하하하, 그것 참 좋은 생각이네요! 일본인은 참 엉뚱한 민족이군요."

"그래서, 그 오싹하게 해준다는 일본의 유령은 어떤 모습을 하고 있나요?"

내가 "우선 유령은 발뿐만이 아니라 그림자도 없는 걸로 되어 있어요"라고 대답하자, 두 사람은 "우와, 신기해!" 하고 펄쩍 뛰며 재밌어했다.

"이 주변 일대 민족의 전승과도 통하는 부분이 있네요. 알타이 지방에서는요, 죽은 사람은 저세상으로 떠나는 것에 맞춰 이 세상에 자신의 그림자만은 남겨두고 떠난다는 말이 있거든요."

그림자는 우리의 상상력을 한껏 자극한다. 빛깔도 입체감도 없기 때문에, 상상력을 부풀릴 여지가 많은 것이다.

그림자 연극은 사람이나 동물, 사물을 본뜬 도구를 노래나 대사, 음악에 맞춰 조종하면서 하나 혹은 여러 개의 광원을 이용해 하얀 막에 투영해 이야기를 전개한다. 발상지는 인도와 중국이라고 알려져 있다.

중국에는 그림자 연극의 탄생에 관한 무서운 전설이 있다. 어느 황제에게 한 남자가 자신을 마법사라고 소개하며 찾아왔다. 그는 지금 여기에 하얀 막을 치고 다양한 사람들의 그림자를 불러 그 사람들의 운명을 맞혀보겠다고 호언장담했다. 황제는 그 '마법'인지 뭔지를 보여주는 것을 허락했고, 남자는 넓은 방을 어둡게 하고 하얀 막 뒤에 불을 밝혔다.

사람들은 숨을 삼켰다. 하얀 막에 화려하게 차려입은 황제 자신의 그림자가 나타났고, 그 배후에서 거대한 용이 덮쳐왔다. 용이 진정한 황제의 증표라는 것을 생각하면, 지금의 황제는 진정한 황제를 대신하고 있을 뿐이라는 암시였다. 격노한 황제는 즉각 남자의 목을 베었다. 하지만 얼마 지나지 않아 예언은 적중했고, 황제는 반란군에게 처형당했다.

자칭 마법사도 황제도 죽어버렸지만 그림자 연극은 남았다. 전설의 진위는 분명하지 않으나 그림자 연극의 신비로운 매력을 설명하기엔 충분하다. 그림자 연극은 순식간에 인도네시아, 타이 등 일련의 동남아시아 나라들에 퍼져 각국의 민중에게 사랑받았다.

인도네시아 자바의 와양 쿨릿Wayang Kulit이라는 그림자 연극은 1000년 이상의 역사를 자랑한다. 그 기간 동안 조상신 숭배나 힌두교, 불교, 이슬람교 등의 각 요소가 뒤섞여 자바 특유의 정신문화를 표현하는 예능의 매우 중요한 장르가 되었다.

인형을 당나귀 가죽으로 만들었다는 것에서 유래해 피잉皮影이라 불리는 중국의 그림자 연극은 환상적이고 세련된 세계를 만들어냈지만, 지금은 쇠퇴일로를 걷고 있다.

자바 이외 지역의 그림자 연극은 대부분 바람 앞의 등불 같은 운명이다.

전통적인 그림자 연극이 사라지는 것과 현대풍 그림자 연극, 즉 영화 산업의 급격한 발전은 궤를 같이하고 있다. 현대풍 그림자 연극은 색이 없는 그림자에 빛깔을 입히고 입체감을 더해 마치 실물인 것처럼 리얼리티를 가졌다. 그러나 이를 담보로 우리가 상상력의 날개를 펼칠 수 있는 여지는 점점 줄어들고 말았다.

# 마부와 택시 운전사

중학교 2학년 3학기에 귀국했을 무렵, 처음으로 〈트로이카〉라는 노래를 들었을 때는 설마 내가 아는 그 〈트로이카〉의 일본어 버전이라고는 생각지도 못했다. 곡 자체는 분명 똑같았지만, 곡이 자아내는 분위기가 너무나 달랐기 때문이다.

"눈꽃이 핀 자작나무 가로수에 석양이 비친다"라는 가사로 시작하는 이 노래는 전쟁 후의 음악다방 전성기 세대가 아니라도 멜로디와 가사가 바로 떠오를 정도로 일본에서는 잘 알려진 러시아 민요다. 중학교 음악 교과서에도 수록되어 있어 '활기 넘치고 명랑하게 부르도록' 음악 선생님께 지도받던 노래다. 가사 내용을 보면 눈 덮인 대지를 씩씩하게 헤쳐가는 말 세 마리를 앞세운 썰매, 혹은 마차가 연상된다. "달려라 트로이카, 명랑하게 종소리 높여"라고 반복하는 후렴구부터 선생님의 지도는 곡과 딱 어울린다.

하지만 러시아어 원곡은 슬프다기보다도 처음부터 끝까지 어딘가 음산한 분위기다. 가사 내용도 트로이카의 마부가 손님인 여행자에게 털어놓는 비련의 이야기니 말이다. 사랑하는 정혼자를 지주 나리에게 빼앗긴 농노 출신 마부의 울분과 비참함이 사무치게 가슴을 친다.

이 가사는 1820년에 치가노프라는 시인이 지은 서정시 「트로이카는 달린다」를 기본으로 하고 있다. 재밌게도 이후 러시아 서정시에는 트로이카 마부가 놀라울 정도로 빈번하게 등장한다. 이는 서정시에 있어서 획기적이었다. 서정시는 본래 하나의 기분, 정서를 노래하는 문학 장르였기 때문이다. 하지만 똑같은 바깥 풍경이라고 해도 손님과 마부에게는 전혀 다르게 보인다. 마부의 등장으로 서정시는 여행자와 마부라는 두 명의 기분, 두 개의 견해가 충돌하면서 반발하거나 공명하며 서로의 의견을 치켜세우는 등 중층적인 구성을 이루게 되었다.

대다수의 국민이 농노라는 신분에 놓였던 러시아에서, 시를 쓸 수 있는 지식인은 한 줌도 안 되는 소수 귀족이나 부유한 계층에 속했다. 지식인층과 일반 국민은 생활 수준이나 문화 수준의 격차가 너무나 커, 서로를 이방인처럼 여겼다. 그런 러시아에서 전자가 후자와 친밀하게 접하고 대화를 나누며, 생활 실태와 감정의 움직임을 느낄 수 있는 절호의 기회란 여행 중의 마차나 말 썰매 안이었던 건 아닐까.

여행자(지식인) 쪽에서 보면 마부는 민중의 대표자이며, 여행 중 가장 가까이에서 관찰하고 말을 걸기에도 좋은 상대다. 문학 속에서는 민중의 생활에 대한 안내인 역할을 떠맡기도 한다. 거기에다 마부는 견문이 넓다. 마부와의 만남으로 러시아 서정시에 통풍구가 생겨 신선한 바람이 들어오게 된 것은 아닐까. 마부가 등장하는 문학에서 수많은 걸작이 탄생했다.

현대의 마부에 해당하는 사람은 택시 운전사가 아닐까 싶다. 나는 어느 나라, 어느 도시를 여행하든 반드시 택시에 타서, 될 수 있는 한 운전사에게 여러 이야기를 들으려고 노력한다.

이야기를 듣다 보면 가이드북이나 공식적인 뉴스에서는 결코 알아낼 수 없을 법한 그 나라와 도시의 사정이 보여 여행이 몇십 배는 재밌어진다. 어느 숙소가 평판이 좋고 어느 레스토랑이 가격에 비해 맛있는지와 같은 실용적이고 신용이 걸린 정보를 듬뿍 얻을 수 있음은 말할 것도 없다.

거기에다 전 세계 사람들을 텔레비전 화면 앞에 모이게 한 어느 쿠데타와 총격전이 국회의사당 앞에서만 있었던 텔레비전용 연극에 불과했다는 것도, 같은 도시의 다른 지역에서는 담담하게 평소처럼 생활했다는 사실도 언제나 택시 운전사의 입을 통해 알게 된다. 그들은 그 나라와 도시의 생활인 대표다.

# 상상력

올해<sup>2000년</sup>의 간지<sup>干支</sup>는 진<sup>辰</sup>이다. 고대 중국에서 만들어진 간지가 연력<sup>年曆</sup>에 채택된 것은 전한시대에 들어서부터, 즉 지금으로부터 2200년 전이라고 알려져 있다. 그것이 한반도를 거쳐 6~7세기에 걸쳐 일본에 들어와 지금은 완전히 정착되었다.

십이지를 나타내는 한자는 처음엔 동물을 의미하지 않았던 모양이지만, 각 문자에 동물이 들어맞게 되었다. 언제 어떠한 이유에서인지는 확실하지 않다. 결과적으로 십이지는 어렵고 추상적인 문자에서 어린아이들도 친근감을 느끼고 누구나 이미지를 떠올리기도 쉽고, 기억하기 쉬운 상투어로 자리 잡았다.

그러나 십이지에 배치된 동물 중에서 올해의 간지 '진'에 해당하는 용은 유일하게 인간의 공상이 만들어낸, 현실에는 존재하지 않는 동물이다. 용의 모델은 무엇일까.

현재 일본인이 가진 용의 이미지는 중국에서 온 것이지만, 바다에 둘러싸인 섬나라 사람이었던 일본인에게는 항해의 안전과 풍어豊漁, 비가 내리지 않기를 기원하기 위해 바다 신 또는 물의 신으로서 뱀을 받들어 모시는 전통이 있었다고 한다. 이것이 중국에서 전해온 용의 이미지와 결합하여 일본인에게도 친숙한 동물이 되었다. 뱀이 번개와 함께 승천하면 용으로 승격한다는 전설은 일본 여기저기에 있다. 그리고 용은 용궁이라는 해저 왕국에 산다는 전설도『우라시마 타로』우라시마 타로라는 젊은이가 용궁에 놀러가서 갖은 호사를 누리다가 용궁에서 얻어 온 상자를 열었더니 연기가 피어오르고 자신은 홀연히 노인이 되었다는 민담 등의 옛날이야기에 숨 쉬고 있다.

재밌게도, 유럽의 많은 나라에도 '드래건 퇴치'에 관한 옛날이야기가 전해 내려온다. 드래건에게 약탈당한 아름다운 공주님을 젊은이가 격투 끝에 구해내 경사스럽게도 결혼한다는 패턴인데, 이 드래건의 생김새가 중국의 용과 놀랄 만큼 닮았다. 하긴 그래서 드래건의 번역어로 '용'이라는 말을 갖다 붙였겠지만 말이다.

이 공통점은 우연일까, 아니면 고대의 상인과 여행자가 동방에서, 혹은 서방에서 가져온 문물 가운데 용을 보고 모방한 결과일까. 아무튼 정말 닮았다.

몸체는 뱀, 머리에는 뿔이 두 개, 입가에는 긴 수염, 등에는 단단한 비늘. 네 발에 붙은 다섯 개의 발가락은 파충

류와 닮았다. 용의 이미지는 지금으로부터 약 2억 4700만 년 전에서 6500만 년 전까지 전성기를 누리다가 갑작스럽게 멸종된 공룡들을 방불케 한다.

지금이야 〈울트라맨〉 등에 등장하는 괴수들이 모두 어딘가 공룡과 닮은 까닭에 대해 의식적, 무의식적인 모방의 결과라고 단언할 수 있다. 하지만 고대 사람들이 용을 상상한 것은 과학자들이 공룡의 모습을 재현한 것보다 훨씬 이전의 일이다.

그렇다면 우리의 머나먼 선조의 기억이 상상력이라는 형태로 되살아난 것일까. 아니, 인간의 선조가 침팬지의 선조에서 갈라져 나온 것은 약 450만 년 전이라고 일컬어진다. 그렇게 되면 우리의 머나먼 선조인 유인원이 본 공룡들의 모습이 기억에 각인되어, DNA를 통해 지금의 우리에게도 이어 내려오고 있는지도 모른다.

이렇게 용에 대해 곰곰이 생각하다가 해마가 그려진 엽서를 받았다. 보면 볼수록 용의 축소판 같다. 용의 모델은 해마였던 걸까. 하지만 용의 모델이라기에는 해마는 조금도 무섭지 않다. 오히려 귀엽기만 한 이 작은 동물을 표본으로 무섭고 강대한 생명체를 창조했다면, 그 또한 멋진 상상력이지만 말이다.

아니, 도마뱀과 악어 등 멸종을 피한 파충류도 있다. 용의 모델은 그들일지도 모른다.

무無에서 사물을 창조할 수 있는 것은 신밖에 없다. 아무리 기상천외한 것이라도, 자연이든 자연의 일부인 인간이든 이미 존재하는 것을 소재로 새로운 것을 창조한다.

# 전설의 진위

러시아 국민음악의 아버지로 불리는 M. I. 글린카의 오페라 가운데 〈황제에게 바친 목숨〉이라는 명작이 있다. 러시아 국민악파는 19세기 서구 고전에 관해 소양을 가진 음악가들이 음악의 원점을 민중 속에서 추구한 운동에서 태어났다. 〈황제에게 바친 목숨〉은 그 출발점이 된 오페라로 일컬어진다.

줄거리는 19세기 초 동란기의 유명한 에피소드를 기초로 한다. 내분이 끊이지 않는 러시아의 혼란을 틈타 당시에는 대국이었던 폴란드가 군대를 투입해 어떻게든 러시아를 정복하려고 한다. 침공해온 폴란드군 부대에게 길안내를 부탁받은 이가 바로 주인공 이반 수사닌, 러시아 중부 코스트로마 주의 농부였다.

수사닌은 모스크바로 통하는 길이라고 속이며 밀림의 깊은 곳까지 폴란드군을 유인한다. 속았다는 것을 깨달은 폴란드 부대는 수사닌을 처형하지만, 결국 눈보라가 휘몰아치는 밀림에 갇힌 채 괴멸하고 만다.

이것이 실제로 일어났던 사건인지 만들어진 이야기인지는 차치하고, 이반 수사닌은 러시아인이라면 삼척동자도 아는 유명인이다. 오페라는 물론, 교과서에서도 황제와 조국을 위해 자기를 희생한 영웅으로 받들고 있다. 스탈린은 이 오페라를 〈이반 수사닌〉으로 개명하고, 황제 찬가 부분을 고쳐 제2차 세계대전 중에 애국심과 국방의식을 고취하기 위해 이 영웅상을 빈번하게 이용했을 정도다.

그런 까닭에 '이반 수사닌'이라는 고유명사는 러시아인의 일상 속에서는 완전히 보통명사처럼 쓰이게 되었다.

예를 들어 세 명 이상의 그룹이 처음 방문하는 곳을 향하는데, 길 안내를 담당한 사람이 말하는 대로 가고 있는데도 도무지 목적지가 나오지 않는 경우가 있다. 혹시 길을 잘못 든 걸까 싶은 의혹이 피어오를 때 그룹의 누군가가 길 안내를 맡은 사람에게 "너, 이반 수사닌은 아니겠지?"라는 식으로 말하는 것이다.

보통 사람들은 아무래도 조금 의심스러워하는 것 같다. 수사닌이 정말 영웅이었을까 하고 말이다. 정말 제대로 된 길을 알고 있으면서 폴란드군을 속인 걸까. 사실은 자기도 길을 잃어 결과적으로 폴란드군을 괴멸시킨 위업을 달성한 것은 아닐까. 그것도 덤불 정도가 아닌 밀림 속이었으니 말이다.

시베리아 동쪽에 이르쿠츠크라는 아름다운 도시가 있다. 옛날 시베리아 총독부가 있던 곳이라 19세기의 거리가 아직도 남아 있고, 바이칼 호수도 가까워 관광객이 끊이지 않는다. 오랜 세월 동안 이 도시에서 외국인이 묵을 수 있는 호텔은 인투어리스트 호텔뿐이었다. 이 호텔을 방문하면 반드시 듣게 되는 이야기가 있다.

"몇 년 전이었더라, 이 호텔 7층 창에서 무역회사에 다니던 일본인이 뛰어내려 자살했답니다."

유서도 유언도 없었지만 경찰이 아무리 조사해도 타살 의혹은 찾을 수 없었기 때문에 결국 자살로 정리되었다고 한다.

"젊고 굉장히 잘생겼었죠. 창창한 나이였는데 말이에요."

프런트의 여성은 나에게 열쇠를 건네면서 말을 덧붙였다.

"손님, 혹시 모르니까 창은 열지 않으셨으면 좋겠어요."

"아, 전 자살할 생각은 눈곱만큼도 없으니 걱정하지 마세요."

"생각이 있는지 없는지가 문제가 아니에요. 창 여닫이가 빡빡해서 엄청 열기 힘들거든요."

"……"

"창틀에 올라타서 체중을 싣지 않으면 열리지 않을 정도예요. 당신네 동포인 그 샐러리맨, 그저 창을 열려고 했던 것뿐일지 모른다는 말도 있어요. 어디까지나 소문이지만요……."

# 과감함 혹은 무모함

옛날 어느 여배우가 러시아 시베리아의 N 시를 방문했을 때의 일이다. 시가 자랑하는 오페라 발레 극장을 안내받았을 때, 통역 담당이 자신 있다는 듯 공연 레퍼토리를 설명했다.

"차이콥스키의 유명한 발레 〈집오리의 연못〉입니다."

여배우는 그런 제목의 작품을 차이콥스키가 작곡했었던가 하고 고개를 갸웃하다가, 다음 순간 〈백조의 호수〉라고 짐작했다. 통역 담당에게 오역이라고 주의를 주려다가, 그러고 보니 일본인이 추면 과연 〈집오리의 연못〉이 될 법하다는 생각이 들어 그만뒀다고 한다.

일본인이 연기하는 서양 오페라나 클래식 발레를 볼 때마다 이 이야기가 떠올라 쓴웃음을 짓곤 한다.

일본에서 오페라나 발레는 이국의 역사적·지리적 조건, 기후와 풍토, 식생활, 그 민족 특유의 체격과 리듬감,

행동거지와 풍습을 기본으로 형성된 것이다. 그 기본이 없는 한, 아무리 껍데기만 그대로 옮겨 보여준다고 해도 창피함과 위화감이 앞서 제대로 즐길 수가 없다.

클래식 발레 또한 큰 얼굴과 짧은 팔다리뿐만이 아니라, 고관절 구조부터 대다수의 일본인에게는 맞지 않는 춤이다. 발레의 본고장인 러시아와 프랑스 사람들은 용모와 스타일도 발레에는 빼놓을 수 없는 재능이라고 여겨 체념하는 경우도 있다. 일본에서와 달리 결코 모든 사람에게 열려 있지 않다.

오페라 역시 "각 도시에 본격적인 오페라하우스를 세우자"라고 외치기 전에, 일본 전통 예능인 가부키나 노能를 태어나 한 번도 본 적이 없는 일본인이 많다는 사실을 걱정하는 게 어떨까. 개인적인 취미의 문제에 이러쿵저러쿵 참견하다니, 오만불손하다는 비방을 피할 수 없으리라. 하지만 오페라나 발레는 일본인이 열심히 하지 않아도 앞으로도 번창하겠지만, 일본 전통 예능의 앞날은 불안할 뿐이다.

실은 이와 비슷한 감정을 올림픽 중계를 보면서 맛보고 있다. 올림픽에 참가하는 각국 선수단을 보면, 그 나라의 경제력과 선수단이 감당하는 종목의 수와 다양성이 거의 비례한다. 많은 국민에게 다양한 스포츠를 가까이할 기회가 주어지고, 그에 따라 운동선수 인구가 증가하는 것은 풍요로움의 잣대라고 할 수 있다. 아프리카와 중남미의 가난한 나라 중에는 한 종목의 선수단밖에 파견할 수 없는 곳도 있는 반면, 선진국은 거의 모든 종목에 걸쳐 대형 대표단을 결성한다.

하지만 미국과 러시아, 중국처럼 인종의 도가니로 불리는 대국은 예외로 치더라도, 성실한 건지 욕심이 많은 건지 일본처럼 이렇게 많은 종목에 손을 뻗치는 나라는 드물지 않을까.

이기는 것이 아니라, 참가하는 것에 의의가 있다는 올림픽 정신을 모르는 것은 아니다. 그래도 순발력을 겨루는 육상 단거리나 점프 계열의 종목을 관전하다 보면, 텔레비전 화면을 향해 나도 모르는 사이 이렇게 중얼거리고 만다.

"아아, 꾸준하고 묵묵하게 해야 하는 마라톤처럼 인내심이나 기술력, 조직력으로 승부하는 종목에서 열심히 하면 좋잖아. 단거리 같은 거 100년이 걸려도 흑인 선수한테는 못 이겨. 그들에게 도전한다니, 분수를 모르는 것도 정도가 있지. 이젠 좀 깔끔하게 포기하고 저들에게 맡기면 좋을 텐데."

가까운 아시아 국가들을 둘러봐도 외래문화에 계속해서 덤벼들며 모방에 기를 쓰고, 그 결과 번번이 열등감에 빠지는 민족은 거의 없다. 도쿄에서 천차만별 세계의 온

갓 요리를 먹을 수 있는 것도 일본인의 탐욕스러운 수확벽擺을 말해준다. 다른 나라 사람들은 '우와 멋지다'라고 생각할지 몰라도, 그것뿐이다. 어디까지나 이국은 이국대로의 풍습과 문화가 있고, 자신의 길을 간다. 나쁘게 말하면 완고하고, 좋게 말하면 선조의 전래 문화에 흔들림 없는 자신감을 갖고 분수를 잘 안다. 즉 어른인 것이다.

일본인은 아직 어린아이인지도 모른다. 어른이 과거의 경험에 묶여 주저하는 것에도 과감히 도전한다. 그 덕에 선천적 소질과 전통의 강점에 축복받은 자에게는 보이지 않는 기술적 고안이나 새로운 훈련법이 발견되기도 한다. 사실 그것도 올림픽을 보는 즐거움 중 하나다.

# 미남 미녀의 기준

NHK에서 마쓰모토 세이초의 『어두운 피의 선』이라는 작품을 드라마화한 적이 있다. 메이지 시대, 오스트리아 귀족 집안으로 시집간 아오야마 미쓰코라는 일본 여성의 생애를 더듬은 이야기다.

겔랑의 향수 미츠코(Mitsouko)가 그녀의 이름에서 따온 것이라고 전해질 정도로 아오야마 미쓰코는 빈의 사교계에서 극찬을 받았던 미인이었다. 그 미쓰코 역을 연기한 배우는 요시나가 사유리. 이 캐스팅에 나는 고개를 갸웃했다.

"과연 중부 유럽 남자가 저 얼굴에 매력을 느낄까?"

미쓰코가 시집간 쿠덴호프 가의 영지는 당시에는 오스트리아 제국 영토에 포함되어 있었지만, 지금은 체코 공화국 소속이다. 내가 소녀 시절에 5년 동안 지낸 나라다. 열네 살 때 일본으로 돌아와 무척 당황했던 것 가운데 하나가 미남 미녀에 대한 일본과 체코의 기준이 서로 전혀 다르다는 점이었다. 요컨대 막 귀국했을 당시, 즉 30년 전쯤의 일본에서 전형적인 미남 미녀라고 여기던 배우나 가수들이 내가 보기에는 전혀 아름답거나 매력적이지 않았다. 그 대표 격이 바로 요시나가 사유리였다.

그때는 요시나가 사유리의 모습이 영화나 텔레비전, 잡지 화보, 전철 광고 등 거리에 넘쳐나던 시절이었다. 두말할 필요가 없는 국민적 스타. 그녀의 팬을 지칭하는 '사유리스트'라는 단어까지 나올 정도였다. 국민 각 세대를 두루 아우른다는 점에서 지금의 아무로 나미에도 그녀를 따라가려면 한참은 멀었을 것이다. 좋든 싫든 자꾸 눈에 들어오는 요시나가 사유리의 사진을 볼 때마다 나는 이상한 기분에 사로잡혔다.

"아무리 봐도 미인으로는 안 보여."

주위 사람들에게 하소연했더니, "뭐? 어떻게 된 거 아니야? 그녀야말로 공인 미녀라고" 하며 이상하다는 듯이 흘겨보는 사람이 있는가 하면, "분명 전형적인 미인은 아니지. 귀여운 타입이랄까"라며 잘 안다는 듯한 얼굴로 평하는 사람도 있었다.

이와 비슷한 논쟁은 잡지 등에서도 읽은 적이 있었고, 엄밀히 말해서 미인을 가리는 문제는 개개인의 미묘한 취향에 좌우된다는 점은 이미 알고 있다. 조금 전부터 당혹스럽다고 한 건 이런 차원의 문제가 아니다. 훨씬 심각하다.

실은 그녀의 얼굴을 보며 '어쩜 이렇게 못생겼을까?' 하고 생각했기 때문이다. 앞니 두 개가 너무 커서 쥐를 쏙 빼닮은 것처럼 보였다. 태어나서 단 한 번도 일본인을 만난 적이 없는 외국인이 일본의 대표 미녀라는 소개와 함께 요시나가 사유리의 사진을 본다면 '이런 쳐다보기도 싫은 못난이가 미녀 대접을 받다니, 일본인은 엄청나게 형편없는 종족임이 틀림없어'라며 오해하지는 않을까 싶어 혼자서 속을 태울 정도였다. 아니, 정확히 해두자면 혼자서는 아니었다. 두 살 어린 여동생과도 이 일에 대해서만은 의견이 완전히 일치했으니까.

우리 자매는 5년 동안 함께 지냈던 체코 사람들의 미의식을 어느새 몸에 익히게 된 것이 틀림없다. 그리고 체코인의 눈으로 요시나가 사유리를 품평했다. 그래서 거의 1세기 전이라고 해도 같은 지역에 살던 사람들이 그녀의 아름다움을 이해할 수 있을까 하는 노파심이 발동하고 만 것이다.

하지만 재밌게도 귀국 후 5년 정도가 지나니 요시나가 사유리를 보며 '어쩜 이렇게 예쁜 사람이 있을까' 하고 생각하며 부러움에 한숨을 내쉴 정도가 되었다.

이런 감각은 논리 싸움으로 납득할 수 있는 문제가 아니다. 아무래도 같은 문화권의 공기를 매일 마시며 살다 보면, 저도 모르는 사이에 감염되듯이 스며드는 게 아닐까.

소설가이자 문예평론가인 마루야 사이이치의 저서 『남자라는 것 여자라는 것』을 보니, 작가 에비사와 야스히사가 영국에는 미인이 없다고 생각하고 있었는데, 반년 정도 영국에 살다 보니 갑자기 전부 미인으로 보이더라며 마치 화학반응 같다고 고백하는 구절이 나와 연대감을 품고 말았다.

이런 이유로, 나는 내 외모에 대해서 절망하지 않는다. 어느 시대, 어느 민족에게는 절세 미녀로 통할지도 모르니까.

# 파리와 핵무기

　친구 M은 '흰 백합의 그대'라는 별명이 붙을 정도로 청초하면서도 화사한 매력을 갖춘 미녀다. 단, 입을 다물고 있을 때에 한해서다. 귀한 집 딸로 자라 특유의 여유로움이 느껴지는 태도와 우아한 말씨로 차마 할 수 없는 말을 거리낌 없이 딱 잘라 말하는 신랄함 덕분에 또 하나의 별명이 붙었다. 바로 '파리채'.

　그 별명을 처음 들었을 때, 너무나 적절하다고 생각해 자지러지게 웃고 말았다. 하지만 동석한 학생들은 모두 의아하다는 표정이었다.

　"뭐죠, 파리채라는 건?"

　"너희들 몰라? 그럼 파리라는 곤충은 알고 있어?"

　"알고는 있는데요."

　"본 적은 없지만요."

　그런가. 그렇다, 언제부터인가 우리의 일상생활에서 파

리가 모습을 감추고 있다. 비위생적, 시끄러움, 불결함, 전근대적…… 파리는 반드시 없애야 할 것의 대명사였지만, 정작 없어지니 왠지 쓸쓸하다. 적어도 파리채같이 파리와 관련된 전통적인 문화도 함께 사라진다고 생각하니 마음이 편치 않다.

파리 끈끈이에 대한 초특급 회식 장기 자랑이 있다. 관람해본 적이 있는지? 내가 본 것은 그저 회식 장기 자랑이라고 하기에는 아까울 정도로 대단한 무대였다. 이름을 대면 앗 하고 놀라고 엇 하고 고개를 갸웃할 만큼 일본 생물학계에서 권위 있는 I의 '18번' 공연이었다.

소도구는 회식 장소 한가운데에 놓인 방석 두 장이 전부다. 잠방이 차림의 I가 두 장의 방석을 겹쳐 파리 끈끈이처럼 보이도록 하고 온 힘을 다해 그것을 펼치면서 연기가 시작된다. 끈적끈적한 것은 두 장의 파리 끈끈이를 겹쳐놓은 면에 붙어 있으므로 억지로 잡아떼듯이 펼쳐야 한다. 이 끈적끈적함을 표현하는 것이 이 장기 자랑의 가장 큰 볼거리다. '겨우 파리 끈끈이'가 아니라, 겹쳐놓은 두 장의 방석이 분리될 때는 회식 장소 자리 곳곳에서 안도의 한숨이 흘러나온다.

다음으로 I는 파리 끈끈이였던 방석에서 멀리 물러나 파리가 된다. 정말로 파리가 되어 홀연히 헤매는 느낌으로 회식 장소를 혼자서 날아다닌다. 그러다 우연히 파리 끈끈이의 달콤한 향기를 맡고 비틀댄다. 하지만 한편으로는 경계심이 발동한다. 파리는 호기심과의 딜레마에 몸부림치면서 파리 끈끈이 주변을 빙빙 돌기 시작한다. 점점 거리가 좁혀진다.

가까워질수록 고혹적인 향기에 마음이 흔들린다. 결국 견디지 못하고, 그래도 조심조심 주의를 기울이며 한쪽 발끝으로 살짝 만져보려고 한다. 아니야, 역시 그만두는 게 좋겠어. 아니지, 용기를 내. 안 돼, 포기하자. 한참 망설인 끝에 에잇, 앗, 닿은 발끝이 붙어버려서 떨어지지 않는다. 망했다. 한쪽 손으로 어떻게든 떼어내려고 하지만, 그 한쪽 손도 몸통도 끈적끈적한 것에 사로잡히고 만다. 끝내 힘이 다 빠져 뚝 하고 숨이 멎으며 박진감 넘치는 연기는 막을 내린다.

포복절도와 함께 우레와 같은 박수.

과연 생물학자다. 파리에 대한 날카로운 관찰에 감탄한 것은 말할 것도 없다. 그야말로 적임자였다. 작고 마른 체형에 꽤 벗어진 이마, 어딜 봐도 시원찮은 풍채의 지쳐 보이는 중늙은이 남자가 잠방이 차림으로 파리를 연기하니, 비애와 익살이 절묘하게 어우러져 그럴듯한 무대가 되었다.

M에게 붙은 '파리채'라는 걸작 별명에 감탄하고 즐거워하다가, 문득 '파리 끈끈이'의 명연기가 떠올랐다.

"무엇과도 바꿀 수 없는 소중한 일용품 두 가지가 사라지는 것은 일본 문화의 손실이야. 머지않아 두 단어도 사라지고 마는 건가. 아아, 아쉬워."

이렇게 혼자 향수에 잠겨 비분강개하는 나를 보며, M이 우아하게 중얼거렸다.

"어머, 내가 파리채면 너는 대륙 간 핵탄도미사일이야. 너랑 싸우면 재기불능이 다 뭐니, 그야말로 괴멸이지. 호호호."

으음. 미국은 새로운 핵무기 개발에 힘을 쏟고 있고, 핵 선제공격까지 공언했다.이 글은 1998년 6월에 쓴 것이다. 이스라엘과 인도, 파키스탄도 그렇고, 최근에는 이웃나라 북한까지 버티고 있으니 핵무기는 당분간 이 세상에서 모습을 감출 것 같지 않다. 핵무기야말로 내 눈에 흙이 들어가기 전에 사어死語가 되면 좋겠는데.

# 고령화와 저출산

　정부는 복지정책에 해당하는 예산을 삭감하거나 새로운 세금을 도입할 때마다 '고령화 사회', 즉 인구를 차지하는 65세 이상의 노인 비율이 급속하게 늘고 있는 것을 구실로 삼는다. 사회가 고령화되기 때문에 지금 이대로의 건강보험 제도라면 파탄을 피할 수 없다는 둥, 이 상태라면 소득세 수입이 격감하므로 과세 시스템을 바꿀 수밖에 없다는 둥 핑계를 대는 것이다. 강박관념처럼 강조하니 '고령화'라는 말에는 부정적인 이미지가 배었다. 하지만 원래 '고령화'는 장수하는 사람들이 늘어났다는 뜻으로, 무척 경사스러운 일이다.

　확실히 세계 각지의 극빈 지역에서는 노인을 유기하는 풍습이 있었다고 하지만 훨씬 많은 지역에서 장수는 존경과 선망의 대상이었다.

　예를 들어 옛날이야기나 전설의 세계에서 장수하는 사

람은 지혜의 보고이며 축복의 대상이었다. 『다케도리모 노가타리』일본에서 가장 오래된 민담으로 간주된다. 대나무를 자르는 일을 하던 노인이 대나무 속에서 가구야 공주를 발견해 그녀를 기르면서 벌어지는 이야기에서도 『모모 타로』에서도, 『엄지동자』아이가 없는 노부부가 신에게 빌어 태어난 아이가 체 구는 작지만 의롭고 지혜로운 행동으로 멋있는 남자로 변해 공주와 행복하게 산다는 이야기 에서도 기나긴 고생을 보답받는 이는 깊은 주름의 할아 버지, 할머니 들이 아닌가.

그러나 그 보답이 자식이라는 형태를 띠고 있다는 것 이 흥미롭다. 암시적이기까지 하다.

불로장생은 동서고금의 사람들이 이루지 못한 꿈이었 다. 불로장생의 묘약을 구하다 실패하는 바보 같은 군주 들 이야기는 헤아릴 수 없을 정도이며, 바로 불로장생을 목표로 의학은 발전해왔다고 할 수 있다.

그렇게 치면 세계 제일의 평균 수명을 자랑하는 일본 은 인류의 이상에 가장 가까워야 할 텐데, 대부분의 일본 인은 결코, 특히 연배가 있는 사람들의 경우 그다지 행복 해 보이지 않는다. 장래에 대해 막연한 불안을 안고 있다.

그 하나로 저출산 현상이 있다. 미래의 정치와 경제를 짊어질 세대가 점점 줄어드는 상황이 계속된다면 앞날은 캄캄해질 것이다. 그 증거로 신문과 잡지, 텔레비전, 라디 오에서 저출산 대책에 대해 논하지 않는 날이 없다. 하긴, 저출산은 일본뿐만이 아니라 모든 선진국이 안고 있는 문제이기도 하다.

저출산 문제를 다루는 논조는 양육보다도 자신들의 생활을 즐기려고 하는 젊은 여성의 에고이즘을 비난하는 신경질적인 논조가 있는가 하면, 일하는 여성이 안심하고 출산과 육아를 할 수 있는 환경이 만들어져야 한다는 지극히 정당한 의견도 있다.

결국 예로부터 사람들이 장수와 함께 자식을 바라는 행복의 패턴은 현대에도 끊이지 않고 이어지는 셈이다.

잠시 동물계로 눈을 돌려보자. 코끼리건 거북이건 장수하는 생물은 모두 출생률이 낮다. 엄마 코끼리가 몇 마리나 되는 새끼 코끼리를 데리고 다니는 장면을 본 적 있는가.

물벼룩 키우기를 더없는 즐거움으로 삼는 사람들의 관찰을 엿보니, 물벼룩은 생식 환경에 부족함이 없고 기존 개체가 장수하는 경우에는 출생률이 낮고, 반대로 환경이 격변하여 사망률이 높아지면 반비례하듯이 알을 많이 낳는다고 한다.

생각해보면 인간이라 한들 동물이지 않은가. 전쟁과 기아로 사망자가 급증하는 시기 뒤에 오는 것은 나라를 불문하고 베이비붐이었다. 지금도 평균 수명이 짧고 유아 사망률이 높은 개발도상국의 인구는 폭발적으로 증가하는 한편, 생활수준이 높고 아이를 키우기에 더없이 좋은 환경의 선진국에서는 출생률이 하강곡선을 그리고 있다.

고령화와 저출산은 동전의 앞뒤처럼 되어 있는 것이 아닐까. 인간의 지혜를 넘어, 종의 존속을 지상 명제로 삼는 인구 조정 기능이 작동하는 것은 아닐까. 오늘날의 선진국처럼 자원을 대량으로 소비하면서 심지어 오래 사는 인간까지 계속해서 늘어난다면, 지구는 몽땅 잡아먹혀 인류는 물론이고 생물 전체의 수명이 줄어들고 말 것이기 때문이다.

아무래도 장수와 자식은 옛날이야기의 세계에서와는 달리, 양립할 수는 없는 모양이다.

# 러시아의 노인들

러시아에는 유명·무명의 박물관과 미술관이 무척 많다. 평범한 사람들이 가벼운 마음으로 종종 박물관이나 미술관을 방문한다. 마치 파친코 가게나 찻집에 훌쩍 들르는 것처럼 말이다.

그건 그렇고, 에르미타시 미술관<sub>상트페테르부르크에 위치하고 있으며 영국의 대영 박물관, 프랑스의 루브르 박물관과 더불어 세계 3대 박물관으로 꼽힌다</sub>이든 지방의 작은 박물관이든 거의 모든 전시실 안에는 나이 지긋한 부인이 자리를 잡고 있다.

"안 돼요, 안 돼. 그 의자는 전시품이니까 앉으면 안 돼요!"

"앗, 지금 어디 가는 거죠? 거기는 다음 주부터 시작하는 새 전시회를 준비 중이니까 양해 바랄게요."

이렇게 잔소리가 심하다. 카메라라도 꺼낼라치면 재빨리 달려온다.

"사진 촬영 금지예요!"

책임감이 무척 강하고 직무에 충실해 항상 엄격한 눈동자를 번뜩이고 있다. 규칙 위반은 절대 용서하지 않는다.

미술관 현관을 지키는 것도 노인들의 아르바이트 자리다. 한번은 트레티야코프 미술관에서 나올 때였는데, 외투를 맡길 때 교환증으로 받은 번호표를 잃어버렸다는 걸 깨달았다. 핸드백과 주머니를 뒤집어봐도 번호표는 나오지 않았다. 담당인 노부인은 고집스럽게 전혀 사정을 봐주지 않았다.

"그러다 잘못되면 내가 곤란해져요."

이 말로만 일관한다. 바깥은 영하 15도. 외투를 입지 않고 나갈 수도 없는 터라 나는 울고 싶어졌다. 노부인의 동료인 듯한 노신사가 수습해보려고 했지만, 노부인은 타협하지 않았다.

"됐어요. 외투는 포기하겠습니다."

자포자기한 나는 마음을 굳게 먹고 무거운 문을 밀고 바깥으로 나왔다. 눈이 줄기차게 내리는 앞뜰을 가로질러 가다가, 등 뒤에서 부르는 소리에 멈춰 섰다.

"이봐요, 기다려요! 그러다 병 걸려요."

그 노부인이었다.

"알겠어요. 다시 한 번 같이 번호표를 찾아봅시다. 반드시 찾아낼 테니까."

내 어깨를 안으며 처음 있던 장소로 데려가더니, 안쪽에서 의자를 가져와 나를 앉혔다.

다시 한 번 주머니와 핸드백 안의 물건을 카운터 위에 쏟아놓고 함께 번호표를 찾았다. 그런데도 번호표는 나오지 않았다.

"자, 진정하고 번호표를 어디에 넣었는지 곰곰이 생각해봐요."

"주머니 안에 넣은 게 틀림없는데. 맞다, 화장실에 갔을 때 주머니에서 손수건을 꺼내서……."

화장실에 뛰어가보니, 번호표는 세면대 거울 앞에 있었다.

"봐요, 내가 말한 대로죠?"

노부인은 붙임성 있는 미소를 지으며 번호표를 받아넣었다. 그러고는 의기양양하게 내 외투를 돌려줬다. 나는 트레티야코프 미술관이라고 하면 수많은 명화보다도 그 노부인이 가장 먼저 떠오른다.

러시아의 무수한 박물관과 미술관은 이렇게 일에 열의가 넘치고 친절한 노인들 덕에 유지된다는 것을 그때 절실히 깨달았다. 거금을 투자해 감시 카메라나 방범 시스템을 곳곳에 설치하는 것보다 이 방법이 훨씬 확실하고 인간적이지 않을까. 적어도 내가 체험한 것 같은 드라마는 상대가 기계라면 나올 수 없다.

말이 나온 김에 덧붙이면, 고령이 되어서도 아르바이트

를 하며 용돈벌이를 해야 하다니, 러시아 노인들은 그렇게 돈에 쪼들리는 건가 싶겠지만 그렇지도 않다. 인플레이션으로 급속하게 가치가 떨어지기는 했지만, 그들은 모두 연금 수급자다. 집세에 광열비, 상하수도세, 전화세까지 모두 포함된 데다가, 집세가 수입의 10퍼센트 이하로 제한되기 때문에 생활 기반은 아마 일본의 고령자보다 훨씬 안정되어 있을 것이다.

그들은 박물관과 미술관에 없어서는 안 될 존재다. 그렇기 때문에 더욱 존경받고, 그에 따른 책임감이 그들의 등을 꼿꼿하게 세워주는 것이다.

# 테마파크의 허구성

일본 니가타 현에 '러시아 마을'이라는 관광지가 있다. 넓은 부지에 러시아 농촌 풍경을 본뜬 호텔과 오락시설이 지어져 있고, 러시아인 댄서와 가수가 상주하고 있어 언제라도 본고장의 쇼를 즐길 수 있다. 말을 타고 자작나무 숲을 달릴 수도 있고, 겨울이 되어 눈이 쌓이면 말 썰매를 즐기는 서비스도 있다. 방문객들이 마치 러시아를 여행하는 듯한 기분을 맛볼 수 있도록 구성된 것이다. 17세기 네덜란드를 재현한 나가사키 현의 '하우스텐보스'와 같은 콘셉트로 건설된 테마파크다.

도시와 마을을 모방한 사례는 다른 나라에도 있다. 영화 세트도 그렇고, 진위를 확인하지는 못했지만 구소련에서는 스파이 양성을 위해 적국의 도시를 재현한 공간을 만들었다는 이야기가 그럴싸하게 전해지고 있다. 하지만 일본처럼 대규모로, 일반 국민이 오락시설로 이용하는 것을 전제로 이국 도시의 모조품을 만드는 나라가 또 있을까.

쇄국 중이라면 또 모를까. 니가타 공항에서 비행기를 타면 겨우 두 시간, 국내 운임과 거의 다를 바 없는 요금으로 제대로 된 진짜 러시아에 갈 수 있는 곳에 일부러 거금을 투자하면서까지 모조 러시아를 만들 필요가 있었을까.

아니, 그렇게 치면 '하우스텐보스'도 마찬가지 아닌가. 암스테르담까지 이제는 열 시간 정도면 도착하는 직행 편이 매일같이 출발한다. 항공권의 가격 경쟁이 가속화하면서 7~8만 엔만 있으면 왕복도 가능하고, 이제 일본인의 외국 여행은 일상다반사인데 모조 네덜란드에 만족하는 사람이 많을 리가 없다. 적어도 채산이 맞을 정도로 방문자가 있다는 것은 말도 안 된다.

'하우스텐보스'와 '러시아 마을'뿐만 아니라, 일본 사방에 생긴 모조 '외국'은 처음엔 희귀하다는 점에서 화제를 모았을지 모르지만, 머지않아 인적이 끊겨 황폐해지고 말 것이다.

이와 같은 나의 염려는 지금 상황에서 보면 기우에 그치고 말았다. '하우스텐보스'는 방문자가 끊이지 않을 정도로 무척 인기가 좋다고 한다. 숙박비가 꽤 비싼데도 호텔이 만실일 때가 많고, 예약도 좀처럼 하기 어렵다고 한다. '러시아 마을'도 아직 도산했다는 소리는 듣지 못했다.

하지만 실제로 네덜란드 거리를 걸어본 사람은 알겠지만 네덜란드의 거리는 '하우스텐보스'처럼 깨끗하게 청소되어 있지 않다. 오히려 쓰레기와 개똥이 눈에 많이 띈다. 거기다 다른 유럽 대도시와 마찬가지로 서비스업에 종사하는 사람들은 유색인종이 대부분이라, 이것도 순수한 네덜란드인만을 모았다는 느낌의 모조품과는 전혀 다르다. '러시아 마을'도 다르지 않다. 진짜 러시아에서 볼 수 있는 외국인에게 들러붙는 소매치기, 매춘부, 택시 운전사, 거지도 없다.

테마파크의 '외국'에서는 결코 진짜 외국에서처럼 무뚝뚝한 웨이트리스의 거친 대응에 화가 나거나, 매표소에서 인종차별적인 취급을 당해 속이 상하거나, 택시 운전사에게 바가지를 쓰는 일이 없다. 어디까지나 아름답고 무해한 그림엽서 같은 세계. 이국이나 이문화를 접했을 때 생기는 충격과 공포를 말끔하게 제거한 이국정취만을 만끽할 수 있다. 마치 '컬쳐 쇼크'라는 이름의 맹수를 우리에 넣고 즐기는 동물원 같다.

테마파크 마니아를 볼 때마다, 최근 특히 소란스럽게 국제화를 부르짖는 것과는 정반대로 일본인은 본질적으로 이국과 이문화를 두려워하는 것은 아닐까 하는 생각이 들고 만다.

＊2003년 6월 하우스텐보스는 경영 파탄을 맞았다.

241

# 민족 이동과 획일화

오사카 국립민족학박물관에서 '중앙아시아에서의 민족 이동'이라는 심포지엄의 동시통역을 맡은 적이 있다. 선사시대부터 현대에 이르기까지 이 지역에서 일어난 다양한 민족의 이동과 교류의 발자취를 거슬러 올라가면서 그 과정을 분석하는 자리였다. 특히 논쟁이 집중된 부분은 스탈린 시대의 소련에서 빈번하게 있었던 강제적인 민족 이동 문제였다.

1930년대 중반부터 1940년대 말까지, 일본군과 내통할 가능성이 있다는 이유로 극동 조선인을 중앙아시아로, 독일에 협력한 의혹이 있다며 발트 제국諸國의 사람들을 시베리아로, 유대인을 극동으로, 크림반도의 타타르인과 카프카스의 체첸인을 중앙아시아로 강제 이주시켰다.

그것도 사람들을 24시간 이내에 짐을 싸 집합하게 한 뒤 가축용 화물차에 억지로 꽉꽉 실어, 이유도 행선지도 알리지 않고 이주시키는 잔인무도한 처사였다. 명령에 따르지 않는 자는 그 자리에서 처형당했고, 명령에 따른 많은 사람들도 목적지에 도착하기까지 너무나도 열악한 환경에 시달리다 목숨을 잃고 말았다. 낯선 이주지에 내던져져 식료품 조달도 원활하지 않아 더욱더 많은 사람들이 죽어갔다.

이런 식으로 이루어진 대규모 강제 이주에 대해서는 소비에트 러시아의 역사를 조금이라도 훑어본 사람이라면 상식으로 알고 있을 것이다. 이번 심포지엄에서 충격적이었던 것은, 이보다 훨씬 규모가 작기는 하지만 소수 민족의 강제 이주 또한 스탈린 시대의 소련에서 횡행했다는 사실이었다. 이름도 처음 들어본 몇몇 소수 산악 민족과 유목민이, 나고 자란 고향에서 뿌리째 쫓겨났던 것이다. 거기에 또 다른 고향에서 쫓겨난 민족이 옮겨 와 살게 되었다고 한다.

도대체 왜 이런 잔인한 짓을 국가사업으로서 체계적이고 조직적으로 시행했을까? 국력이 약해질 위험이 있는데도 왜 그토록 반복한 것일까? 자기의 권력 기반을 굳히기 위한 공포정치의 일환이었을까? 혹은 독재자가 자신의 권력을 확인하기 위해 장기 말을 움직이듯 각 민족을 움직인 게임에 불과했던 것일까?

어지럽게 오가는 여러 의견 가운데 어느 프랑스인 연구

자의 지적이 무척 인상에 남았다.

"스탈린은 아마 민족과 문화의 차이를 전부 걷어내고 싶었던 것이 아닐까. 획일적인 소비에트인이라는 새롭고 '이상적인' 인종을 만들어내고 싶었던 것은 아닐까."

이 가설이 사실이라면 스탈린이 수백만 명을 학살하고 수천만 명을 도탄에 빠뜨리면서까지 달성하려 했던 대사업을, 스탈린이 적대시했던 시장원리의 메커니즘이 훨씬 간단하고 자연스럽게, 강제력 따위는 느껴지지 않게, 심지어 훨씬 대규모로, 요컨대 효율적이고 효과적으로 완수했다.

소위 개발도상국에서 공업 선진국으로 향하는 인구 이동은 이제 억제할 수 없는 기세로 진행되고 있다. 싼값의 자원과 노동력은 '부자 나라'로, 공업 제품은 '가난한 나라'로 흘러가는 순환은 점점 빨라지고 있다. 세계 어디를 가도 똑같은 상품을 만나게 되었다. 미디어 또한 상품을 선전하는 매체로서 지구 전체를 덮고 있으니, 생활뿐만이 아니라 사람들의 머릿속 정보와 사고법까지 획일화에 침범당하고 있다. 즉 민족과 문화의 차이가 놀랄 만한 속도로 없어지는 것이다.

스탈린적인 수단에 의한 인류 획일화 사업은 스탈린의 죽음과 소련의 붕괴로 좌절되었지만, 시장원리에 내맡겨진 획일화를 제지할 방법, 하다못해 늦출 수 있는 방법은 지금으로서는 없다.

경계선에 대한 고찰

# 단식을 권함

외국에서 비행기나 지하철, 열차를 탈 때, 혹은 공항이나 역 대합실에 들어갔을 때 잡지나 신문, 책을 손에 든 사람이 너무 적어 놀랄 때가 있다. 반대로 일본의 대중교통을 처음 이용한 외국인이 깜짝 놀라는 것 중 하나가 활자로 된 무엇을 읽는 사람의 비율이 높다는 점이다.

"과연 에도 시대에 이미 국민의 문자 해독률이 100퍼센트에 가까웠던 나라는 뭐가 달라도 다르군요!"

"이 정도로 책과 친근한 국민은 아마 지적 수준도 높겠죠."

외교적 인사치례도 섞여 있겠지만 일단 칭찬을 받으니 어딘가 겸연쩍은 마음에 엉덩이가 근질근질하다.

책이라고 해도 여러 가지가 있다. 아침 댓바람부터 잘도 사람들 앞에서 펼치는구나 싶어 눈썹을 찡그리게 되는 정사 장면투성이의 소설이나 극화<sup>현실적인 이야기나 사실적인 묘사, 진지한</sup>

내용 등을 특징으로 하는 만화를 발견하면, 과연 저 책이 고도의 지성을 요구하는 것일까 하는 생각이 머릿속을 스친다.

하긴 그뿐만이 아니다. 아무리 '고급스러운' 지식이라고 해도 그저 쉴 새 없이 정보를 담아 넣기만 하는 뇌가 과연 지적이라고 할 수 있을까. 지성이란 지식의 많고 적음을 의미하기도 하지만, 오히려 지식에 대한 저작訓뺴 능력이나 운용 능력에 달린 것이 아닐까. 요컨대 사고력 말이다.

몇 년 전 〈과학과 생활〉이라는 이름의 러시아 대중 과학 잡지에 무척 흥미로운 보고서가 게재되었다.

닭의 수명은 대략 15년에서 20년 사이라고 알려져 있다. 아르메니아의 어느 양계장의 닭들 역시 다른 수많은 양계장의 닭들과 같이 대체로 다음과 같은 과정을 거쳤다. 닭들은 병아리 시절부터 쓸모가 없어질 때까지 우리에 갇힌 채 아침부터 밤까지 모이를 쪼아 먹는다. 그러다 평균 1년 반 정도가 지나면 노쇠하고 산란능력을 잃어 처분된다. 결국 교살되어 다른 가축의 먹이가 되든가 수프의 재료가 되는 것이다.

어느 날 양계장에서 200마리의 닭을 처분하게 되었다.

"그 200마리, 한 달만 저에게 맡겨주지 않으시겠습니까? 모두 회춘시켜 산란능력도 회복시키겠습니다. 속는 셈 치시고……."

젊고 무명인 D 박사의 정열적인 설득에 공장장의 마음

이 움직여 닭 200마리의 '처형'은 연기되었다. "저에게 맡겨주십시오"라고 말했지만, 200마리는 그대로 공장 시설 안에 머물렀다. 단, 철저히 D 박사의 관리 아래 놓이게 되었다. 그는 이 주 동안 닭들에게 먹이를 주지 않았다. 단식을 결행한 것이다.

그러자 닭들이 허약해지기는커녕 점점 건강해졌다. 너덜너덜하고 메말랐던 털이 마치 나뭇잎 떨어지듯 깨끗이 싹 빠지고, 반질반질하게 광택이 나는 아름다운 털이 몸을 덮었다. 비틀거리던 닭이 생기발랄하게 움직이게 되었다. 단식을 마치고 또 이 주가 지나자, 한 달 전에 마지막으로 낳았을 때보다 두 배나 크고 단단한 껍질의 달걀을 낳았다. D 박사의 조언에 따라 쉼 없이 먹이를 주던 기존의 방식을 멈추고 간격을 두었더니, 그 후 3년 동안 빈도는 떨어졌지만 산란능력 자체는 떨어지지 않았다고 한다.

끊임없이 먹이를 먹는 몸은 양분 흡수 능력 자체가 극단적으로 쇠퇴하고 만다. 게다가 잠시도 쉬지 못하는 소화기관의 피로는 몸 전체의 노화를 앞당긴다. 그랬던 몸이 단식으로 회복의 기회를 얻게 된 것이다.

그러고 보니 우리 집에서 키우는 개와 고양이들도 병에 걸려 몸 상태가 나빠지면 스스로 음식을 줄인다. 자연이 그들에게 부여한 치유 능력이다. 병에 걸리면 영양 섭취를 해야 한다며 야단법석을 떠는 건 인간뿐일지도 모른다.

점점 더 정보가 많아지는 사회에서 강박관념에 쫓기듯이, 마치 중독자처럼 정보를 삼켜대는 현대인들이 끊임없이 먹이를 쪼아 먹는 양계장의 닭처럼 보일 때가 있다.

# 내성

어린 시절에 즐겨 읽던 옛날이야기나 동화에는 반드시 미녀가 등장한다. 게다가 가구야 공주나 백설공주처럼 이 세상 사람이라고는 생각할 수 없을 정도로 독보적인 미모라는 설정이 쓸데없이 많다. 그녀들의 미모는 권력을 쥔 남자들을 지배하는 힘이 될 정도로 절대적이다.

상사병에 걸린 동안에는 곰보 자국도 보조개로 보인다고, 그때만큼은 상대방이 절세 미녀로 보일 수 있다. 하지만 반대로 사랑이 식으면 보조개도 곰보 자국으로 돌아간다. 그러니 만인에게 변함없이 인정받는 절세 미녀란 아이들도 안 속는 허황한 속임수일 뿐이다. 너무나도 현실성이 떨어진다. 옛날 사람들의 이루지 못한 꿈과 소망을 표현한 것에 지나지 않는다.

아니 실제 역사상에는 양귀비나 클레오파트라 등 국가를 파탄 내거나 권력자를 파멸시킨 미녀가 있지 않은가

하고 주장할지도 모른다. 하지만 그건 사실의 기록이라기보다는 전설의 성격이 더 강하지 않을까. 이야기를 재밌게 하기 위해 과장과 허구를 듬뿍 담았을 게 틀림없다.

다음 사건을 겪기 전까지 나는 그렇게 달관한 듯 생각했었다.

어느 날 친척 꼬마들과 함께 일본을 방문 중이던 볼쇼이 서커스를 보러 갔다. 여름방학이기도 해서 관중의 3분의 2는 유치원생부터 초등학교 저학년인 아이들이 차지하고 있었다. 나머지 3분의 1은 아이들을 데려온 어른들이었다.

눈앞이 아찔해질 것 같은 공중그네에 시선을 빼앗긴 사이, 아래쪽 원형무대는 스케이트 링크로 재빨리 바뀌어 곡예사, 마술사, 조련사, 개, 곰, 하마까지 스케이트를 신고 연기했다. 세계에서 둘도 없는 초일류 기예에 스피드와 긴장감이 더해져 숨 막히는 재미를 선사했다. 장내에는 한숨과 환성이 교차하며 메아리쳤다.

그건 그렇고, 아무래도 이상했다. 문득 옆자리의 조카들을 보고 깜짝 놀랐다. 조금도 감동하지 않은 듯한 얼굴이었다. 다시 장내 전체를 둘러보니 조금 전 이상하다고 느낀 위화감의 정체를 알 수 있었다.

초롱초롱한 눈으로 아티스트들의 연기를 뚫어지게 바라보는 것은 부모들이었다. 아이들은 마음이 움직이기는

커녕, 무관심, 냉담이라고 말하는 게 어울릴 정도로 관심이 없었다. 조금 전의 한숨과 탄성의 음정이 묘하게 낮았던 이유는 아이들의 소리가 섞여 있지 않았기 때문이었다.

생각해보면 아이들은 어릴 적부터 아름다운 것, 대단한 것을 일상적으로 보고 있다. 질릴 정도로 보고 있다고 말하는 편이 맞을지도 모른다. 텔레비전이라는 미디어가 등장한 지도 거의 반세기가 되어간다.[이 글은 1999년 5월에 쓴 것이다.] 텔레비전의 현실 묘사 능력은 말도 안 되는 속도로 향상하고 있다. 우리는 집 거실에서 느긋하게 뒹굴며 처참한 전쟁 현장도, 우주 정거장에서 조망하는 경치도, 남미의 바다 밑도, 인적이 닿지 않는 정글의 오지도, 신비로운 궁전도, 진기한 동물도 볼 수 있다. 더 큰 자극과 미지의 세계를 추구하는 방송인들의 개척 정신에는 끝이 없다.

물론 '절세 미녀'들 또한 순식간에 모델이나 배우로 스카우트되어 사람들 앞에 제공된다. 예전에는 평생에 한 번 만날까 말까 한 미녀들을 매일 몇 번이고 만날 수 있다. 그렇다 보니 감동과 놀라움이 줄어들지 않는 게 이상하다. 더 정확하게 말하자면 우리가 보는 것은 미녀 자체가 아니라 미녀의 복사본에 지나지 않지만, 미녀에 대한 내성이 우리의 감수성 안에 만들어지고 만 것이다. 그런 의미에서 '절세 미녀'는 옛날이야기나 전설의 세계뿐만이 아니라 틀림없이 현실에도 존재했을 것이다. 텔레비전이 없던 옛날에는 말이다.

# 디즈니랜드가 무서운 이유

여름방학이 시작되면 어린아이를 둔 부모는 가정 서비스에 쫓겨 고생이다.

"정말 지쳤어요. 게다가 돈도 엄청 든다고요."

그중에서도 도쿄 디즈니랜드에 놀러 가는 걸 아이들이 가장 좋아한다고 한다. 그 매력이 무엇인지 무척 궁금했지만 나는 아이가 없으니 좀처럼 직접 확인할 기회가 없었다. 그런데 요전에 러시아의 중요 인사를 모시고 도쿄 디즈니랜드를 방문하게 되었다.

깜짝 놀랐다. 떨림이 멈추지 않을 정도로 으스스했다. 놀이 시설은 마음대로 고를 수 있었다. 고풍스러운 건물 안에 다양한 유령이 춤추고 노래하는 유령의 집, 진짜와 똑같이 만든 모조 코끼리와 기린, 하마, 악어 등이 배회하는 열대 정글, 거칠고 난폭한 해적들이 무법천지로 날뛰던 카리브 해 등…… 정말 다양한 취향이 밀집해 있지만, 방문객이 놀이 시설에 참가하는 방법은 놀랄 정도로 똑같은 패턴이다.

방문객은 놀이 시설에 준비된 공간으로 들어가면 끝이다. 자기 발로 걷는 것조차 하지 않고, 손을 써 무언가를 조작하지도 않는다. 그저 준비된 기구에 타서 정해진 공간을 이동하고, 놀이 시설이 내는 음향 효과나 시각적 자극을 오로지 받아들이기만 하면 된다. 요컨대 인간이 가진 수많은 능동적인 힘이 전혀 필요하지 않다. 싸움도 모험도 모두 눈앞에서 연출된 것일 뿐이다. 그저 방관자로서 눈과 귀로 감지하는 능력만 있으면 된다.

내 등골에 전율이 흐른 이유는 이 디즈니랜드의 무시무시한 풍경이 지금 우리가 사는 소비 사회의 축소판과 다름없다는 데 생각이 미쳤기 때문이다. 디즈니랜드의 고향이 소비 문명 선진국인 아메리카 합중국임은 우연이 아닐 것이다.

수많은 사물을 상품화하여 매매의 대상으로 만든다. 이것이 바로 자본주의 사회 구조의 기본이다. 그런 까닭에 지금까지 매매의 대상에서 제외된 것도 속속 상품이 되고 있다. 초기에는 그래도 괜찮았지만 점점 상품으로 만들 것을 찾기가 어려워졌다. 그런데도 소비 문명이라는 괴물은 만족하지 않았다. 아무리 먹어도 굶주림과 갈증에 괴로워하는 아귀로 변한 망자와 다름없다. 돈벌이의 여지가 남아 있지 않은지, 어딘가에 놓치고 있는 건 없는지 호시탐탐 다음 사냥감을 노린다. 그러다 눈에 들어온 것이 인간의 능동적인 힘이었다. 신상품 개발은 인간의 능동적인 힘을 끝없이 깎아내리는 방향으로 진행되고 있다.

집안일은 가전제품이 대신하고, 홍차나 커피를 끓이는 수고는 캔 홍차나 캔 커피가 맡고, 몸을 움직이는 놀이는 버튼 조작 하나로 멋대로 등장인물이 날뛰는 텔레비전 게임에 내몰리는 중이다.

인간에게 요구되는 유일한 능동적 행위는 돈을 내는 일. 그다음은 끝없이 받아들이면 그만이다. 보고, 듣고, 먹는다는 형태로 말이다. 돈을 버는 행위는 또 어떤가. 노동력 감축과 자동화에 따라 인간의 능력은 기계와 시스템의 부품으로 변해가고 있다.

그런 까닭에 소비 문명에 침식된 정도가 큰 선진국일수록 사람들은 몸을 움직일 기회를 점점 빼앗긴다. 한편음식 섭취는 소비로 이어지니 미디어를 통해 먹어라 먹어라 합창을 해댄다. 비만 인구가 늘어가는 건 당연한 귀결이다.

비만 문제를 해결한다는 명목 아래 또 새로운 상품이 속속 생겨나고 있다. 운동 부족을 해소하려 해도, 이제는 좀처럼 무료로는 할 수 없게 되었다.

# 점입가경

내가 네 살 때, 우리 부모님은 현재 도쿄 오타 구에 있는 집으로 이사를 왔다. 주변에 주택보다 밭이 더 많았을 때였다. 기복이 많은 토지여서 언덕을 몇 개나 넘어 머나 먼 저편까지 바라볼 수 있었다.

하지만 집 주변은 나무들로 울창했다. 이웃집이 S라는 전 백작이 살던 3000평 넘는 저택이었기 때문이다.

내가 다니던 초등학교는 보통 도로로 걸어가면 3분이 걸리지만, 그 저택을 가로지르면 2분도 걸리지 않았다. 그러니 한참이 지나 수학 시간에 "삼각형의 한 변은 다른 두 변의 합보다 짧다"라는 정리를 암기하기도 전에, 나는 이미 그 정리에 따라 행동하고 있었던 셈이다.

매일 아침 커다란 나무가 무수히 서 있는 숲과 같은 정원을 쏜살같이 가로질러 나갔지만, 숲속 가장 깊은 곳에 서 있다는 저택도, 저택에 사는 사람들의 모습도 본 적이 없다. 저택 경비를 맡은 마음씨 좋은 노부부는 아이들이 나비와 잠자리, 매미를 쫓아 저택 안으로 들어와도 흐뭇하게 바라볼 뿐이었다.

얼마 지나지 않아 집주인이 돌아가셨고, 상속자는 상속세를 내기 위해서였는지 토지를 보험회사에 매각했다. 보험회사는 저택에 불도저를 밀어 넣어 수령이 수백 년은 될 법한 나무들을 베고, 풀꽃을 밟아 뭉개고, 이웃 주민을 소음 지옥에 시달리게 한 끝에 철근 콘크리트 단지를 지어 대기업의 사택으로 양도했다. 30년쯤 전에 있었던 일이다.

사택에 입주한 사람들은 순식간에 자기들의 택지를 단단히 에워쌌다. 그리고 사택에 살지 않는 사람이 침입하는 것을 무척 싫어했다. 도로에서 공놀이하는 아이가 공을 쫓아서 들어오거나 혹은 줄을 매지 않은 다른 집 개가 단지 안에 들어오면 눈을 부릅뜨며 쫓아냈다. 사택 출입구 부근에 있는 쓰레기장에도 사택에 살지 않는 주민이 쓰레기를 버리지 못하도록 엄격하게 막았다.

어느 날 그 사택에 인접한 집이 화재로 소실되어 주인이 철근 콘크리트로 새 집을 짓게 되었다. 목조 가옥과 달리 건설할 때 생기는 소음이 엄청났다. 소음에 신경질적으로 화를 내며 몇 번이고 거세게 항의한 것은 사택에 사는 사람들 일부였다. 오래전부터 살아온 주민들은 사택이 세워질 때의 소음과 환경 파괴에 비하면 100분의 1도 안 된다고 생각했다.

그런데 거품 경제가 꺼지고 사택의 주인이었던 기업이 사택에서 손을 떼기 시작했다. 부동산을 사들인 사람들은 그토록 환경 파괴를 동반하며 지었던 철근 콘크리트 건물들을 또다시 엄청난 소음을 일으키며 부수기 시작했다. 매일같이 집이 진도 4의 지진 수준으로 흔들렸을 정도다. 그러고는 손바닥만 한 땅을 몇 등분해 분양 주택을 짓는가 하면, 7층짜리 아파트를 짓기도 했다.

"그렇게 간단하게 부수지 마!" 하고 말하고 싶지만, 이전 건물은 워낙 아담하면서도 완고한 자기들의 성을 쌓아 놓았던 터라, 벽을 수직하중을 지탱하는 구조벽으로 활용할 수 없으리라는 것은 문외한의 눈으로도 알 수 있었다.

분양 주택을 산 사람들이 옮겨와 새로운 생활에 익숙해질 무렵, 예의 화재 후 철근 콘크리트 주택을 지은 집주인이 파산해 토지를 경매에 부쳤다. 토지를 낙찰한 건축 매매업자는 먼저 3층짜리 콘크리트 주택 철거에 들어갔다. 또다시 무시무시한 소음과 진동이 발생했고, 기와와 자갈을 담은 트럭이 바쁘게 왕복했다.

그러자 공사에 진저리를 치던 분양 주택 사람들 일부가 어느 날 트럭이 통과할 수 없도록 도로에 말뚝을 박아 자물쇠를 걸어버렸다. 준準공공도로이긴 하지만 일단 사설 도로이기 때문에 가능한 일이었다.

오래전부터 살아온 주민들은 또다시 '분양 주택이 지어지기 전 사택을 철거할 당시의 소음, 진동, 환경 파괴에 비하면 100분의 1도 안 되는데' 하고 생각했다.

무지無知는 사람을 부처로 만들기도 하고 귀신으로 만들기도 하는 것 같다.

# 사람을 다루는 기술

"집안일 같은 건 안 한다고 으스대는 남자치고 제대로 된 놈은 없어."

남자친구와 헤어진 지 얼마 안 되어 상처받은 M이 울먹이니, T가 딱 잘라 말했다.

"나는 남자니까 하면서 보란 듯이 뻐기는 마초들이 꼭 결정적일 때 칠칠치 못하고, 책임질 능력도 전혀 없다니까. 그 작자 어차피 잡다한 일이나 뒤처리는 하나부터 열까지 엄마가 해줬던 마더 콤플렉스 아니야?"

정곡을 찌른 걸까. M은 움찔하더니 눈물도 그친 것 같다.

"어, 어, 어떻게 알았어?"

"경험이지, 경험. 그래도 그렇게 뻐기는 사람일수록 사실은 다루기 쉬운 법이지. 요령만 익히면 누워서 떡 먹기야. 뭐, 너한테는 무리겠지만."

T는 빙긋 웃으며 윙크했다. 이 대화를 들으며 그런 거였

구나 하고 깨달았다.

정치가의 외국 여행에 동행할 때마다 이상하다고 생각했던 일이 있었다. 고급 관료들은 평소 민간인 앞에 서면 은근히 무례한 인간의 전형이다. 하지만 높은 학력과 지위를 자랑하는 그들이 국회의원, 특히 여당의 유력자 앞에서는 겉치레든 체면이든 다 내던지고 넙죽 엎드리는 것이었다. 인권도 민주주의도 모르는 봉건 시대인가 하는 착각이 들 정도였다.

작가 다카야나기 요시오 씨가 외무 관료 시절의 체험을 쓴 글에서 읽었던 것 같다. 어느 정치가 부부와 동행해 숙박했던 호텔에서, 한밤중에 정치가 부인에게서 곤란한 일이 생겼으니 당장 방으로 와달라는 전화가 걸려왔다. 달려가보니, 소중한 반지가 변기에 빠졌으니 꺼내달라며 당연한 듯이 명령하는 것이었다. 그는 정치가 부인의 것인 듯한 대변 속에 파묻힌 반지를 맨손으로 꺼내 바쳤다고 한다.

이 이야기만큼 충격적이지는 않지만, 나도 스스로가 인간이라는 것을 완전히 포기하지 않고서야 그렇게 처신할 수 없을 것 같은 장면을 몇 번인가 목격했다.

우수한 관료가, 회담하는 상대 국가의 정세와 일본과의 관계 등을 철저하게 조사하고 자료를 모아 정치가가 발언할 만한 내용을 한 자 한 자 적어 바치는 것은 그렇다 치더라도, 가방에 안경에 발언 메모까지 비서관이 챙기는 모습에는 일종의 감동마저 느끼고 말았다. 도쿄대학 법학부 졸업생이 기특하게 상사의 시중을 드는 모습을 보고 있자니, 마조히즘이라는 단어가 뇌리를 스치고 지나갔다.

언젠가 어느 나라에서 10개국 관료 회합 뒤 축하 연회가 열렸다. 주최국 대통령이 갑자기 우리 쪽 대신에게 접근해 말을 걸었다. 일본과의 경제 교류에 관한 인사치례 정도에 지나지 않은 대화였다. 그런데 대신은 무척 당황하며 소리를 지르기 시작했다.

"메모, 메모!"

회장이 혼잡한 탓에 발언 메모 담당 비서관과 떨어져 있었던 것이다. 영어, 독일어, 러시아어 통역 담당 세 명, 보안요원 몇 명이 흩어져 겨우 그 비서관을 찾아내 대신 앞으로 데려가니, 메모를 펼친 대신이 또 소리를 질렀다.

"안경, 안경!"

역시 무리에서 떨어진 안경 담당 비서관을 찾아냈을 때, 주최국 대통령은 이미 자리를 떠난 뒤였다.

만화 같지만 실제로 있었던 이 사건을 통해, 나는 언뜻 시중을 들고 노예처럼 부려지는 것처럼 보이는 관료가 거만하게 뻐기는 정치가를 조종하는 방법을 슬쩍 엿본 기분이 들었다.

그리고 이는 과하다 싶을 만큼 자식을 아끼고 보살피는 하녀 같은 어머니가 아들을 평생 지배하는 방법과 쏙 빼닮았고, 언뜻 순종적인 듯한 아내가 실제로는 남편을 마음대로 조종하는 방식과도 통했다.

위에는 또 위가 있는 법이다. 관료 앞에서 설설 기는 기업의 잘나신 분도 실제로는 관료들의 목덜미를 눌러 꼼짝 못하게 하는 것일지도 모른다.

# 일과 휴식

한창 잘나가는 사람이 잡지 인터뷰 등에서 "취미는 일입니다" 같은 대답을 하는 것을 볼 때가 있다. 물론 인터뷰의 근저에 이미 '일이 취미라니, 정말 행복한 사람이구나!' 하는 선망이 섞여 있음은 말할 것도 없다.

일중독이라는 낙인이 찍힌 일본인의 특성이라고 생각할지도 모르지만, 아일랜드 태생의 영국 문호 버나드 쇼도 비슷한 말을 한 적이 있다. 그는 오드리 헵번을 주연으로 해 크게 성공한 뮤지컬 영화 〈마이 페어 레이디〉의 원작인 『피그말리온』에서 "취미를 직업으로 삼아 살아가는 사람이야말로 행복하다"라고 썼다.

사실 나도 10년쯤 전까지는 버나드 쇼의 말에 딱 들어맞는 유형이었다. 통역이라는 일은, 어제는 구석기 시대의 잔석기 구석기 말기와 중석기 시대에 발달한 기하학적 모양의 작은 석기, 오늘은 최첨단 통신 기술, 내일은 정치가의 기자 회견 등 매번 의뢰하는 고객과 주제가 다르다. 일을 시작할 때마다 미지의 세계를 엿볼 수 있다. 그만큼 매번 준비는 힘들고 긴장이 끊이지 않지만, 호기심을 충족할 수 있다는 점에서 이 이상의 직업은 없다. 여행도 일부러 휴가를 내서 갈 필요가 없다. 일로 세계 곳곳에 나갈 수 있지 않은가. 이런 좀스러운 생각으로, 물리적으로 가능한 한 의뢰받은 일은 전부 수락했다. 당연히 숨 돌릴 시간 같은 것은 전혀 없었다.

그 후 독립하고 나서 처음으로 일이 아닌 여행을 한 것이 10년 전의 봄이다. 친구의 권유였다. 밤을 새워 번역 일을 정리한 뒤 짐을 쌌고, 떠나기 직전까지 어떤 교섭의 통역을 마치고 나리타 공항으로 직행해 비행기에 올라탔다. 안전벨트를 매고 비행기가 이륙한 순간, 믿기 힘든 일이 일어났다. 내 몸의 특수한 증상이라고 여겼던 끈질긴 어깨 결림과 편두통이 구름이 흩어지듯 한순간에 사라진 것이다.

"거짓말 같아! 업무로 가는 여행에서는 이런 경우가 한 번도 없었는데!"

감격한 나머지 흥분한 나에게 옆자리의 친구가 말했다.

"나도 작년에 의사에게서 중증 위궤양이라고 진단받았는데, 쿡쿡 찌르듯 하던 위의 통증이 이륙하는 순간 사라졌어. 그때부터 여행이 진통제가 되었지."

이 일로 나의 직업관이랄까, 휴식관이 싹 바뀌었다. 아무리 일이 사는 보람이라고 해도 일에는 여러 가지 체면 문제나 속박이 따른다. 의식을 하건 못 하건 그 스트레스는 확실히 육체를 좀먹는다. 정신도 육체도 휴식을 요구하는 것이다. 이후 최소 1년에 한 번은 일상생활로부터 완전히 자취를 감추지 않고는 견딜 수 없는 몸이 되고 말았다.

대학 동창 중에 그야말로 '취미는 일'의 본보기 같은 사람이 있었다. 거대 부동산 개발 업체에 근무했는데 실적이 월등하게 톱을 유지했다. 일이 재밌어서 견딜 수 없단다.

"휴가는?"

"휴가 같은 거 쓰다가는 경쟁에서 진다고."

"그래도 기분전환이 필요하잖아."

"후후후, 여기서만 말하는 건데, 기분전환은 외근할 때 얼마든지 할 수 있어. 예를 들어 개발용 땅을 돌아보면서 풀숲에 누워 멍하니 하늘을 바라본다든가. 엄청 기분 좋아."

과연 일류 영업사원! 기분전환의 비결을 잘 알고 있다. 실업률이 최악의 수치를 경신하는 한편 과로로 목숨을 잃는 사람도 있는 일본. 노동자가 쓰는 유급휴가가 아직도 평균 열흘이 채 되지 않는다고 한다. 대학 동창처럼 자위하는 수밖에는 방법이 없는지도 모른다.

# 경계선에 대한 고찰

   우주비행사들은 종종 마치 귀신의 목이라도 따온 것처럼 "우주에서 본 지구에는 국경선 같은 건 없었다"라고 말하지만, 그들이 '우주에서'라고 말하는 것은 기껏해야 '우주선에서' 본 것을 말하는 것이다. 비행기 정도의 고도에서 내려다봐도 국경선은 보이지 않는다. 지도상에는 선을 긋는다고 해도, 험한 산에 격한 급류, 밀림까지 있는 현실의 지면 위에 간단히 지울 수 없는 경계선을 인공적으로 긋는 것은 지극히 힘든 작업이다.

   진나라의 시황제가 그 작업을 시도했다. 그리고 그 결과는 우주선에서 촬영한 영상에도 제대로 찍혀 있다. 반세기도 못 버틴 베를린 장벽은 그 발끝에도 못 미칠 만큼 견고한 만듦새다. 하지만 시황제는 후세, 그것도 2300년이나 지나 자손들이 이웃나라와의 국경선을 둘러싼 교섭에서 그 자랑스러운 건축물을 구실로 야유를 당할 줄은 생각지도 못했을 것이다.

1960년대 말부터 1970년대에 걸쳐 중소 국경 분쟁이 일촉즉발의 위기에 처했을 때였다. 19세기 후반 제정 러시아가 청국에 강요한 일련의 불평등 조약으로 소련이 150만 제곱킬로미터도 넘는 영지를 부당하게 점유하고 있다고 추궁하는 중국 측에게, 소련 측 교섭 당사자는 이런 말을 했다.

"그렇게 과거의 사실에 얽매인다면 훨씬 더 거슬러 올라가볼까요. 그러는 귀국은 국경의 북쪽 끝에 만리장성을 쌓아 미리 손을 써놓은 거 아닌가요?"

이 발언에 중국 대표단의 참석자들은 잠시 할 말을 잃었다고 전해진다.

이런 일도 있었다.

"여러분, 아래를 보십시오. 세계에서 가장 깊고, 거기에 유라시아 대륙 최대 담수호인 바이칼 호수입니다. 길이 636킬로미터, 최대 폭 80킬로미터……."

시베리아 상공을 비행하는 중 이러한 러시아어 안내방송이 나와, 나의 통역을 들은 일본인 일행은 일제히 몸을 내밀어 유리창에 얼굴을 붙였다.

"뭐야, 호수는 보이지도 않잖아."

보는 사람마다 그렇게 말해 나도 슬쩍 창밖을 바라봤더니 곧 수수께끼가 풀렸다. 눈 아래에는 틀림없이 바이칼 호수가 펼쳐져 있었다. 하지만 일본인은 호수라면 육지에 확실히 가장자리를 두른 수역水域을 떠올린다. 하다못해 육지와 수역 사이에 경계선이 있어야 한다고 생각한다. 하지만 그런 선은 아무리 눈을 크게 뜨고 살펴봐도 보이지 않았다.

착륙할 이르쿠츠크 공항이 가까워져 꽤 저공비행 중이었던 비행기 아래의 호수는 끝없는 회색 평원 같기도 했다. 호수의 수면은 묵직한 비구름에 가려진 하늘을 충실하게 비추고 있었던 것이다. 호숫가는 시야의 머나먼 바깥에 있었다.

일본에 처음 와서 신칸센으로 도쿄와 오사카를 왕복한 러시아인 친구가 도쿄 역으로 마중 나온 나를 보자마자 감탄의 목소리를 높였다.

"이야, 놀랐어. 신기하다. 일본에는 경계라는 게 없구나."

"응?"

그 말을 듣자 바이칼 호수의 가장자리가 보이지 않았던 일이 머리를 스쳤다. 친구는 자신의 대발견을 의기양양하게 이야기하기 시작했다.

"일본에는 도시와 농촌 지대의 경계선이 없다는 걸 알게 됐어. 도쿄와 가와사키, 요코하마…… 세 도시가 끊임없이 이어진다니 믿기지 않아. 나는 언제 도쿄가 끝나나,

도쿄의 끝자락을 이 눈으로 확인하고 싶어서 창밖을 계속 봤는데 아무리 지나도 같은 풍경만 이어지는 거야. 그러다 두 시간 정도 지나 열차가 멈추더니 나고야에 도착했다는 방송이 나와 기겁했다니까."

하늘에서 본 러시아의 풍경이 떠올랐다. 끝없이 초원이나 밀림이 펼쳐지는 대지에 섬처럼 크고 작은 도시와 마을이 점점이 흩어져 있는 풍경.

아무래도 인간은 경계가 있어야 마땅하다고 느끼는 부분에 경계가 없으면 마음이 진정되지 않나 보다. 어쩐지 이 감각은 동물의 영역 다툼과도 통하는 습성의 산물인 것 같다.

생각하는 사람

# 망향지수

   얼마 전 유치원 교사인 친구가 재밌는 이야기를 했다.

   "유치원엔 여러 아이들이 다니잖아. 첫날엔 엉엉 울면서 집에 가고 싶다고 떼쓰는 애들이 꽤 있어. 그래도 시간이 좀 지나면 대부분은 익숙해져서 나름대로 유치원 생활을 즐기게 되지. 그런데 가끔 자기네 집을 이상할 정도로 지나치게 자랑하는 애가 있어. 미술 시간에도 가족 그림만 그리고 말이야. 유치원에 있는 동안에도 집 생각뿐인 것 같고, 집에 돌아갈 시간이 되면 날아갈 듯이 문을 박차고 나가는 거야. 얼마나 살기 좋고 행복한 가정인 걸까 했는데 말이야."

   "어라, 그게 아니야?"

   "백발백중 아니야. 그런 아이일수록 집안도 불행하다고. 비참하다고 하는 편이 맞을 정도지. 부모가 이혼 직전이든가, 한쪽이 사라져버렸다든가, 아버지가 아이에게 늘

폭력을 휘두르거나, 어머니가 알코올중독이든가……."

"아이답게 천진난만하게 놀 마음이 나지 않는 거구나."

"어리다고 해도 자기 나름대로 집이 신경 쓰여서 견딜 수가 없으니 아무래도 밖으로 눈을 돌릴 수 없는 거지."

친구의 한숨 섞인 이야기를 들으면서 '망향지수'라는 말을 떠올렸다. 이 말은 내가 초등학교 3학년 때부터 중학교 2학년 때까지 프라하의 소비에트 학교에 다닐 때 생각해낸 개념이다.

그 학교에는 50개국의 아이들이 있었는데, 고국을 떠나 있는 탓인지 아이들 모두 누구 못지않은 애국자였다. 고국을 향한 애착은 고국으로부터 떨어져 있는 시간과 거리에 비례한다는 것이 첫 번째 발견이었다. 이 거리란 지리적 거리라기보다는 정치적, 문화적 거리라는 의미가 훨씬 크다.

예를 들어 망명자의 자녀로 부모님의 고국에 가본 적 없는 아이들일수록 지금은 부모님의 정치적 입장과 적대적인 모국을 자랑하는 데 굉장히 힘을 기울인다.

스페인 인민 전선의 전사였던 아버지를 둔 프라하 태생의 알프레도는 가본 적도 없는 아버지의 고향 세비야의 아름다운 풍경에 대해 무척 생생하게 설명하기도 했다.

다음으로 큰 나라보다는 작은 나라, 강한 나라보다 약한 나라에서 온 아이들이 모국을 그리는 마음이 더 강하게 불타오른다는 사실을 깨달았다. 프랑스인보다는 루마니아인이, 중국인보다는 북한 사람이 자국에 대한 모욕에 민감했다. 자기가 나라를 대표하고 있다는 비장한 마음이 강했기 때문이다.

나라가 작은 만큼 그 나라에서 차지하는 자신의 비중이 높고, 자신의 존재에 의해 나라의 운명이 좌우될 확률도 조금이나마 높다고 생각하다 보니 나라를 생각하는 마음이 강해지는 것일까. 이는 도시에서 태어나 자란 사람이 자신에게는 고향이 없다고 느끼는 것에 비해, 지방의 작은 마을 출신은 끊임없이 그리운 고향 풍경을 마음에 품는 것과도 통한다.

앞의 이야기로 돌아가, 고국이 불행하면 불행할수록 망향지수는 높아지는 것 같다. 프랑스 식민지였던 알제리 출신의 소년이 매일같이 무선 라디오에 귀를 기울이며 독립전쟁의 진행 상황에 일희일비하고 있었다. 그리고 100년 만에 연인을 만나러 가듯 독립 전후 아직 정세가 불안한 고국으로 서둘러 돌아갔다. 그 후 어떻게 됐는지는 아직도 알 수가 없다.

내전이 계속되는 베네수엘라에서 온 소년 호세가 했던 말은 아직도 잊히지 않는다.

"귀국하면 아버지와 우리 가족들은 총살당할지도 몰라. 그래도 돌아가고 싶어."

그로부터 한 달도 되지 않아 호세 일가는 프라하를 떠났다. 밀입국한 부모님, 누나와 함께 호세가 처형됐다는 뉴스가 들려온 건 그로부터 석 달이 지나서였다.

# 명의 名醫

"어머, 마리, 또 홀딱 벗고 있구나."

나는 일곱 살이 될 때까지 자주 지독한 가려움에 시달렸다. 가려움은 시간과 장소를 가리지 않고 갑자기 습격해왔다. 영화관이든 기차 안이든 가려움에 어찌해야 할지를 몰랐다. 그렇게 긁어대는 동안 어느새 옷을 벗어버린다. 긁으면 긁을수록 가려워 피부가 벗겨지고 짓물렀다. 바람이라도 불면 상처 부위가 따끔거려 펄쩍 뛸 정도로 아팠다.

상어를 속였다가 가죽이 벗겨진 이나바의 흰 토끼 이야기역사서 『고지키』에 나오는 일본의 고대 설화를 읽을 때마다 흰 토끼의 고통이 내 일처럼 느껴졌다.

현재 아토피성 피부염은 '시민권'을 획득했다. 지금은 수많은 어린이가 이 병으로 고통받고 있지만, 1950년에 태어난 나 같은 세대의 아이들에게는 발견하기 쉽지 않은 증상이었다.

알레르기성 질환이라는 진단이 내려져 패치테스트<sub>과민</sub>성 반응의 원인 물질을 시험하기 위한 검사를 반복하여 알레르겐, 즉 알레르기 반응을 일으키는 물질을 알아냈다. 그러고 나서도 어머니는 나를 데리고 일본 곳곳의 병원을 순회했다. 명의라고 소문이 자자한 사람들이 알려준 치료법은 대개 비슷했다. 알레르겐을 열심히 피하고, 매일 스테로이드계 약물을 주사하라는 게 전부였다.

일러준 대로 좋아하는 달걀과 등 푸른 생선을 꾹 참고 안 먹어도, 별생각 없이 집어 먹은 과자에 알레르겐이 섞여 있기라도 하면 순식간에 이나바의 흰 토끼가 되고 만다.

초등학교에 진학할 무렵에는 어머니도 나도 죽을 때까지 이 병을 짊어질 수밖에 없다고 하며 운명을 받아들였다.

기무라 선생님을 만난 것은 바로 그런 때였다. 아버지의 고교 시절 친구로 도쿄대학 법학부 출신의 변호사였다가 방향을 바꿔 한의사가 된 분이다. 가끔 아버지를 만나러 와 우리 집에서 묵기도 했던 기무라 선생님께 어머니가 간청한 것이다. 선생님은 간단한 촉진과 문진을 하고 집에 돌아가자마자 곧장 약을 지어 보내주셨다.

매일 아침 어머니가 달여준 그 약은 무척 써서 눈을 꼭 감고 한 번에 마셔야 했다. 하지만 약이 도착하고 정확히 열흘 치 분량을 다 마셨을 때 내 피부병은 깨끗이 나았다. 이후 재발하는 일도 없이 알레르겐이었던 음식을 포함해 뭐든 먹을 수 있는 튼튼한 몸이 되었다.

기무라 선생님이 변호사에서 한의사로 전환한 계기는 어머니의 병환 때문이었다고 한다. 위가 안 좋다는 어머니를 당시 명의로 유명했던 T 대학병원의 M 선생님께 데려가 진찰을 받았다. 검사 결과 악성 종양이 발견됐지만, 나이도 있으셔서 손쓰기에는 이미 늦었으니 몸에 메스를 대는 것은 피하자는 판단이 내려졌다.

어머니는 하루가 다르게 약해지셨다. 하지만 가만히 앉아 어머니의 죽음을 기다리는 것을 견디지 못한 기무라 선생님은, 지푸라기라도 잡는 심정으로 저명한 한의사 F 선생님을 찾았다. F 선생님이 조제한 약을 먹고 나서 석 달이 지나자 어머니는 눈에 띄게 건강해지셨다. 어머니를 다시 T 대학병원에 모시고 가니 M 선생님은 어머니의 안색이 좋아진 것에 놀랐고, 뢴트겐 사진을 보자마자 이렇게 외쳤다.

"사, 사라졌어!"

석 달 전만 해도 확실히 있었던 악성 종양이 흔적도 없이 사라진 것이다. 감격한 기무라 선생님은 그로부터 일주일 뒤 F 선생님의 제자로 들어갔고, 그 후 의사 면허를 취득하기 위해 의학부도 졸업했다.

중이 제 머리 못 깎는다더니, 기무라 선생님도 노년에

접어들기 전에 돌아가셨다. 하지만 지금도 나에게는 최고의 명의다. 부모가 자식을, 자식이 부모를 구하고 싶다는 일념에 필사적으로 분주하게 뛰어다닐 때 명의를 만날 수 있다는 것을 알려주었다는 의미에서도 역시 명의다.

# 사상누각

난생처음으로 내 집을 짓게 되었다. 20대 때부터 계속 일하면서 모은 돈에, 대출이라는 이름 앞으로 30년간의 수입까지 쏟아부어야 하니 실패는 용납할 수 없다. 몇 권의 주택잡지를 훑어보고, 주택 전시장에 방문해 색색의 수많은 팸플릿을 입수해 연구했고, 괜찮다 싶은 회사는 더욱 의심해보며, 주의를 기울여 발주처를 골랐다. 결국 어느 유명한 대형 주택업체와 계약해 설계자, 담당자와 협의하는 데에만 반년이 걸렸다.

그런데 한 달 뒤 착공을 앞둔 단계가 되었을 때, 어쩌다 컨 텔레비전에서 흘려들을 수 없는 뉴스를 보았다. 유명 목조 주택 제작업체가 요코하마 시내에 지은 분양 주택 단지의 주택들이 지은 지 15년도 되지 않았는데 처마 끝이 기울거나 벽면에 큰 금이 가거나, 난간이 떨어져나갔다는 내용이었다.

그런데 회사 측은 자사의 잘못을 인정하지 않고, 구매자 부담이라면 수리해주겠다고 말했던 모양이다. 애가 탄 구매자들이 제3의 기관에 검사를 의뢰했고, 눈속임뿐인 날림 기초공사가 폭로되었다. 그제야 겨우 회사 측은 책임을 인정하고 무료로 수리해주기로 했다는 지독한 이야기다.

구매자들이 곤경에 처한 것이 도저히 남의 일 같지 않아 회사의 횡포에 분노를 느끼다가, 불길한 예감이 들어 조사해보니 그 파렴치한 제작업체가 바로 내가 계약한 회사가 아닌가. 즉각 계약 취소 절차를 밟았다. 계약 때의 착수금은 거의 돌려받지 못했지만, 장래의 안전을 생각하면 다른 선택지가 없었다.

문득 '사상누각'이라는 격언이 머리를 스쳤다. 토대로 삼기에는 가장 불안정한 모래 위에 지어진 고층 건축물을 가리킨다. 요컨대 보기엔 현란하고 호화롭지만, 실제로는 무르고 덧없으며 사소한 계기로 허망하게 붕괴하는 것의 비유다. 실현 불가능한 것에 대한 비유로도 쓰인다. 이 얼마나 절묘한 표현인가.

누가 처음 말했는지 조사하다가 신약성서에 다다랐다. 「마태복음」 7장에 예수가 한 말로 소개되어 있다.

그러므로 누구든지 나의 이 말을 듣고 행하는 자는 그 집을 반석 위에 지은 지혜로운 사람 같으리니 비가 내리고 창수가 나고 바람이 불어 그 집에 부딪히되 무너지지 아니하나니 이는 주초를 반석 위에 놓은 연고요 나의 이 말을 듣고 행치 아니하는 자는 그 집을 모래 위에 지은 어리석은 사람 같으리니 비가 내리고 창수가 나고 바람이 불어 그 집에 부딪히매 무너져 그 무너짐이 심하니라.

나는 얼마나 '어리석은 사람'이었던 걸까 반성할 뿐이다. 처음 그 회사와 계약했던 계기는 무엇이었을까? 확고한 신뢰와 기업 이미지가 내 안에 심어진 것은 텔레비전이나 신문에서 본 광고와 곳곳의 주택 전시장에 지어진 아름다운 모델하우스에 세뇌되었기 때문이 아니었나. 거기로 결정한 근거가 된 것은 세련된 외장과 실내장식, 즉 겉모습이 아니었나.

광고비를 많이 쓰는 기업은 이를 총공사비에 포함할 것이다. 하지만 점점 심해지는 경쟁 속에서 가격을 묶어놓기 위해서는 다른 어디에서 지출을 절약하지 않으면 곤란할 터. 매력적인 겉모습으로 완성하려면 눈에는 보이지 않는 부분, 요컨대 기초공사에 날림이 있을 수밖에 없다는 것은 조금만 뇌세포를 움직이면 예측 가능했는데 말이다.

다음 발주처는 광고 경비라는 이름의 '모래'로 만든 기초가 아닌, 실제로 내가 살 집의 기초를 '반석'으로 만들어줄 듯한 기업을 골랐다. 화려한 광고는 전혀 하지 않고 모델하우스는 일본 안에 한 채밖에 없는 대신, 지금까지 그 회사에 의뢰해 주택을 지은 사람들이 자택을 공개해 보여준다. 지은 지 1년, 2년, 10년 이상 된 사람도 있다. 모두 무척 만족하고 행복해 보였다.

시간과 돈을 허공에 날렸지만, 일종의 수업료라고 생각하기로 했다. 지주地主로서의 토대가 '모래'였던 나 자신을 '반석'으로 만들어줄 기초공사 비용이라고 할까.

# 그림책의 집

원래 곰이었는지, 토끼였는지, 코끼리였는지, 색깔도 모양도 원형을 찾아볼 수 없다. 얼룩투성이에 군데군데 솜이 비어져 나와 있다. 가끔 그런 너덜너덜하고 구깃구깃해진 봉제인형을 소중히 여기며 안고 있는 아이를 발견할 때가 있다.

"불결하죠. 새 인형을 사줘도 쳐다보지도 않아요. 한번은 빼앗았더니 울고불고 난리가 났어요. 그리고 나서는 빼앗길까 봐 걱정이 됐는지 잠깐도 손에서 놓지를 않는 거예요. 언제나 안고 있다니까요."

옆에서 아이 엄마가 창피한 듯이 변명을 늘어놓기도 한다.

내 경우에는 그 대상이 봉제인형이 아니라 『작은 집 이야기』라는 그림책이었다. 잘 때는 머리맡에 두고, 친구들에게는 처음부터 끝까지 들려주고, 집에 놀러 온 어른들에게는 낭독을 부탁해 내가 느꼈던 감동을 함께하기를 바랐다. 아무튼 한 몸처럼 지니고 다녔으니 금세 너덜너덜해지고 말았다.

그 대신 지금도 눈을 감으면 아름다운 전원 풍경 속에 서 있는 귀엽고 작은 집이 눈앞에 그려진다.

계절이 바뀜에 따라 작은 집에 감도는 분위기도 변해 간다. 봄에는 어린 풀색의 대지에 꽃이 핀다. 새가 지저귀고 밭 여기저기에서 괭이질이 시작된다. 여름에는 녹음이 짙어지고, 아이들이 시내에서 수영을 즐긴다. 가을에는 잎이 물들고, 밭에 추수가 한창이다. 겨울에는 집도 주위도 새하얀 눈에 덮여, 아이들은 스키와 썰매를 타고 논다.

해가 한 바퀴 돌면 똑같은 일이 반복된다. 결코 사치스럽지 않은 소박한 삶이다. 하지만 작은 집도, 작은 집에 사는 사람들도 만족하고 무척 행복해 보인다(행복이란 이런 것이라고 가르쳐준 느낌이다).

하지만 언제부터인가 집 앞에 새 도로가 뚫려 차의 왕래가 빈번해졌다. 집 주변의 밭도 망가지고, 나무도 벌채되었고, 풀꽃은 밟아 뭉개졌으며 빌딩이 빽빽이 들어섰다.

작은 집 주민들도 어디론가 이사해버렸다. 홀로 남은 집의 벽면은 끊임없이 울리는 진동 때문에 금이 갔고 매연으로 더러워졌다. 빌딩 사이에서 당장에라도 허물어질 듯한 집은 배기가스투성이가 되어 곧 숨이 끊어질 것 같다.

이렇게 더러운 집은 빨리 철거해야 한다며 도시계획 담당자로 보이는 사람이 개발 계획을 실행하려던 찰나, 마침 예전에 이 집에서 자랐던 여자가 작은 집 앞을 지나가게 되었다. 그리워하던 예전의 집이 몰라보게 변한 모습을 보고 상심한 여자는 집을 교외로 옮기기로 결심한다.

　예전 모습과 무척 닮은 풍경 속으로 들어온 집과 함께, 나도 가슴을 쓸어내리며 책을 덮었다.

　지금도 도시의 거리를 걷다 보면, 당장에라도 무너질 듯한 작은 집들의 비명이 들려온다. 다시 한 번 그 배후에서 그림책의 집처럼 구원받지 못하고 철거당하고 마는 무수한 집의 신음소리가 덮쳐온다.

　내가 자랐던 집을 둘러싼 환경도 작은 집 주변과 비슷한 운명을 따르고 있다. 논밭은 흔적도 없이 사라졌고, 뜰이 있던 집이 매각되면 집과 뜰 모두 인정사정없이 부숴 대지 건물 비율과 용적률을 최대한 꽉 차게 사용해 새로운 집을 짓는다. 빈 땅은 주차장이 되어 흙도 초록빛도 점점 모습을 감춘다.

　교외에 사는 여동생 집을 방문했을 때, 공기가 어찌나 맑은지 깜짝 놀랐다. 갈 때마다 내 집 주변의 공기가 얼마나 더러운가 새삼 깨닫는다. 교외로 탈출하기로 결심하는 데 오랜 시간이 걸리지 않았다.

　하지만 내가 자랐던 집은 팔아버리면 곧 철거되어, 뜰

도 망가질 게 눈에 선하다. 남이 보기엔 작고 더러운 집이라도 추억이 담겨 있다. 그림책의 집처럼 옮겨 지을 수 있다면 좋겠지만 불가능한 일이다. 경제적으로는 힘들어도 팔 수 없는 이유는 작은 집 이야기가 마음에 남아 있기 때문이다.

# 노출벽 癖

초등학교 3학년 2학기까지 일본에서 보냈던 나는 여름 방학에는 숙제가 으레 따르는 것이라고 굳게 믿고 있었다. 프라하의 소비에트 학교에서 처음으로 방학을 맞이했을 때, 6월 1일부터 8월 31일까지 꼬박 석 달이나 되는 여름 방학에 숙제를 전혀 내주지 않는다는 학교 방책을 듣고 는, 혹시 나의 어학 실력이 아직 모자라서 잘못 들은 건가 하고 생각했을 정도였다.

하지만 실제로 여름방학이 코앞인데 어느 선생님도 숙 제를 내줄 기미가 없었다. 조금 불안해져 학교 친구들에 게 확인해보니, "일본은 모처럼의 여름방학에도 공부를 시키는 거야?" 하며 오히려 무척 놀랐다. 그런 일은 상상 도 할 수 없다는 반응이었다. 그러고는 순식간에 호기심 이 발동했는지 "그래서, 어떤 숙제가 나와?" 하고 물었다.

"음, 수학 연습문제집 다 풀고, 한자 연습장 전부 쓰고,

찰흙으로 뭔가 만들기도 하고."

"그렇게 많아?!"

"아직 남았어. 곤충을 채집해서 분류하고 표본으로 만들기도 해. 매일 날씨가 어땠는지 기록하는 숙제도 있어."

"여름방학인데 놀 틈이 없잖아."

"숙제 양은 매일 조금씩 해두면 충분히 놀 시간도 챙길 수 있을 정도인데, 난 늘 8월 말이 되면 이솝 우화에 나오는 베짱이의 심정이 됐지."

이야기하다 보니 그림일기를 밀려 40일 치를 한꺼번에 썼던 기억이 떠올랐다. 그 이야기를 하니 반 친구들은 모두 눈을 동그랗게 뜨고 믿을 수 없다는 표정을 지었다.

"일기까지 내야 돼?"

"응. 매일 있었던 일이나, 그 일에 대한 자기 감상을 쓰는 거야. 이상해?"

"이상해. 진짜 이상해! 말도 안 돼!"

반 친구들은 일제히 입을 모았다.

"일기란 건 원래 자기 자신을 위해 쓰는 거야. 남에게 보여주지 않기 때문에 자유롭게 제멋대로 쓸 수 있는 건데. 아무리 선생님이라고 해도 다른 사람이 보기 위한 게 아니잖아."

"그래도 이번 문학 수업 시간에 선생님이 말했잖아. 소설이라는 문학 장르는 일기나 편지 같은 사적인 글쓰기에서 발전해온 거라고."

"그건 문학사 얘기고, 원래 일기는 자기를 위해 쓰는 거야. 그걸 공개해버리면 자기를 위한 또 하나의 진짜 일기가 필요하잖아. 공식 일기랑 비공식 일기로 말이야."

소녀 시절에 나눴던 이런 대화를 떠올린 이유는 요즘 인터넷 홈페이지에 자기 일기를 공개하는 사람이 급속하게 늘고 있기 때문이다.

예를 들어 이탈리아의 프로 축구 리그에서 활약하는 나카타 히데토시의 홈페이지도 그렇다.이 글은 2000년 8월에 쓴 것이다. 하루에 200만 명이 넘게 접속한다고 하니, 불특정 다수의 사람들에게 일부 사생활과 그에 대한 자신의 마음을 자진해서 구경거리로 만든 셈이 된다.

이렇게 본래 숨겨두어야 할 사생활을 쓴 일기를 인터넷에서 공개하는 현상은 전 세계를 둘러봐도 일본인에게만 보이는 특수한 경향인 것 같다. 아마 예전에 그림일기를 선생님께 제출한다고 했던 내 얘기를 듣고 반 친구들이 기겁했던 것처럼, 다른 나라 사람들에게는 이해하기 어려운 행동일 것이다.

인터넷 홈페이지를 통해 일기를 공개하는, 세계적으로도 희귀한 집단 현상은, 설마 어린 시절에 타인에게 보이기 위한 일기를 쓰는 습관에서 생긴 것일까. 그게 아니면 원래 일본인에게 있던 일기 노출벽癖이 여름방학의 그림

일기라는 숙제를 낳은 것일까. 그건 분명치 않다.

그러고 보니 곤충 채집 인구가 터무니없이 많은 나라 또한 일본이다. 곤충 채집을 여름방학 숙제로 내지 않는 나라에서는 극소수의 사람들이 즐기는 소박한 취미에 불과하다.

여름방학 숙제라는 관성은 좀처럼 무시할 수 없다.

# 본말전도

"어때, 이거? 괜찮지?"

U는 찻주전자를 과시하듯이 보이며 홍차를 따라주었다.

"이 선이 정말 우아하지 않니? 한참 찾았는데 좀처럼 발견하지를 못했어."

"어떻게 구했어?"

"××홍차 경품에서."

"그 엄청 맛없는 거?"

"응. 그래도 이거 당첨되려고 엄청 샀다고. 아마 50박스는 족히 넘을걸."

어렸을 때는 덤에 낚여서 한 번도 맛있다고 생각해본 적 없는 모 회사의 캐러멜을 자주 산 적이 있는데, 어른이 되어도 그다지 변하지 않는 것 같다.

텔레비전 방송도 프로그램 자체보다 경품으로 시청률을 올리려고 하기도 한다. 끝까지 보면 답을 알 수 있는 퀴즈(엄밀하게 말하면 이런 건 퀴즈도 아니지만)의 정답을 보내면 추첨으로 무엇에 당첨되게 해주는 방송들이 있지 않은가. 배구나 축구 시합 중계의 시청률을 올리기 위해 인기 탤런트를 동원하거나, 스파이크 성공률이나 골을 얼마나 넣었는지를 맞힌 사람 가운데 추첨을 통해 고액의 현금에 당첨되게 하는 등 안이하고 속이 뻔히 보이는 기획도 많다. '덤'이 더 요란해서 시합을 즐길 수 없게 되는 일 같은 건 아랑곳하지 않는다. 왜 배구나 축구 그 자체의 매력을 충분히 돋보이게 하는 프로그램을 만들지 않는 걸까. 이상한 일이다.

이 엄청난 저금리 시대에 은행과 우체국에서 정기적금을 붓는 사람에게 결코 좋은 취향이라고는 할 수 없는 캐릭터 상품 따위를 경품으로 떠안기는 것도 그렇다. 수건이나 랩이나 알루미늄 포일은 그래도 낫다. 한번은 생각하다 못해 물어봤다.

"저기, 이 경품 저한테는 쓰레기나 다름없거든요. 이게 갖고 싶어서 이 은행에서 적금을 드는 사람이 있을 거라는 건 도무지 믿기지 않는데요."

의외의 답이 돌아왔다.

"이 경품이 아이들에게는 꽤 인기가 있어서, 아이가 갖고 싶다고 졸라대는 바람에 부모님이 적금을 드는 경우가 많아요."

그런가. 부모는 자식에게 약한 법이니.

"그럼 전 이런 거 필요 없으니까 금리를 좀 더 올려줘요."

"손님, 그건 좀……."

은행 창구의 여자는 방긋 미소 지으며 말을 흐린다. 본래 상품이 주가 되고 덤은 부수적인 것에 지나지 않지만, 늘 본말이 전도될 우려가 있다. 그래서 공정거래위원회는 경품 금액이 판매 제품 액수의 몇 퍼센트 이내여야 한다고 특별히 정해놓았다. 그만큼 경품 전쟁이 심각해졌음을 알 수 있다.

바로 얼마 전에 수화기를 들자마자 일방적으로 떠들어대는 목소리가 들렸다.

"전 문부대신 ○○의 사무소에서 연락드렸습니다. 일본과 세계 교류 발전을 위해 늘 노력하시는 요네하라 선생님, 정말 수고가 많으십니다."

역겨울 정도로 야단스럽고 요점이 없는 아첨을 일방적으로 떠들어대며 본론에 들어갔다.

"그래서 말인데요, 전 문부대신 ○○가 이번에 편찬하신 『일본정당사 100년』이라는 책이 나왔습니다. 이 책을 요네하라 선생님의 활동에 도움이 될 수 있도록 3만 9800엔이라는 파격적인 가격에 드립니다."

"그런 거 필요 없어요."

"저런, 정말 아깝네요. 구매해주신 분들께는 빠짐없이 현 총리대신이 직접 그린 그림 접시를 드리는데."

촌스러운 접시일 게 틀림없다. 아주 잠깐 보고 싶다는 생각도 들었지만, 딱 잘라 말했다.

"그건 더 필요 없어요."

상대도 쉽게 물러서지 않았다.

"그러십니까. 그러면 고故 오부치 총리가 직접 그린 그림 접시를 함께 드리는 건 어떠신지요?"

"됐어요. 필요 없어요."

전화를 끊고 나서 생각했다. 내가 매력을 느낄 만한 덤은 없었지만, 이 경품에 낚여 사는 사람이 있을지도 모르겠는걸.

# 생각하는 사람

마흔을 넘기면서부터 지독한 요통에 시달리게 되었다. 1998년에는 돌발성 요통인 추간판 헤르니아<sup>척추 사이에는 쿠션 역할을 하는 추간판椎間板이 있는데, 이것이 피막被膜을 젖고 탈출한 상태</sup>까지 경험했다.

그리고 요통 환자가 되고 나서 처음으로 그 절실함을 뼈저리게 느꼈다. 지금까지 신경도 쓰지 않았던 간판과 광고에 자연스럽게 눈이 갔고, 요통을 고친다든가 고통을 완화하기 위한 방법과 수단의 다양함에 놀랐으며, 지푸라기라도 잡는 심정으로 몇 가지 방법을 실험해보기도 했다.

그중 십중팔구는 단순한 대중 요법이거나 사기에 가까웠지만, 일본처럼 인구가 많은 곳에서는 보통 장사처럼 '한 번 온 손님은 꼭 다시 오게 한다'라는 방책이 아니라, '한 번 온 손님은 다시 오지 않아도 상관없다'라는 자세여도 선전 문구만 좀 공들여 뽑으면 끊이지 않고 손님들이

드는 모양이다. 악평이 퍼질 무렵에 장사를 접으면 그만이니까.

이 사실을 깨달은 것은, 악질적인 업자에게 걸려들어 효과는커녕 증상이 악화된 경험을 하고 난 뒤부터다(그 덕에 입원해 완치할 수 있었지만). 이런 사기꾼이 활개를 치는 것도 세상에 이렇게나 많은 요통 환자들이 있기 때문인 것이다. 요통은 실로 거대한 시장임을 실감했다.

이 모두가 그 옛날, 인간의 선조로 여겨지는 유인원이 호모 에렉투스, 즉 직립 원인이 된 탓이라고 한다. 뒷발 두 개만으로 대지에 설 수 있게 된 인간은 앞발 두 개를 더 창조적인 활동에 쓸 수 있게 되었고, 몸이 수평 상태일 때에 비해 훨씬 무거운 머리를 받칠 수 있게 되었기 때문에 뇌의 발달도 촉진되었다고 배웠던 것 같다. 그 대신 뇌의 부담은 네 발 시대와는 비교도 못할 정도로 커졌다. 요컨대 나 같은 요통 환자의 선조는 직립 원인이 된 것이 다른 유인원보다 5~10년 정도 늦었던 건지도 모른다.

그 탓인지 나는 장시간 서서 강의나 강연을 할 수가 없다. 앉아서 이야기하지 않으면 사고의 탄성 바퀴가 제대로 돌아가지 않는다. 그런데 내가 지금까지 다녔던 초등학교부터 대학교까지의 수많은 선생님들을 떠올려보니, 앉아서 강의했던 선생님들보다는 서서 강의했던 선생님이 훨씬 많았음을 깨닫고는 놀라고 말았다. 나와 같은 세대의 대학교수들도 서서 강의하는 쪽이 많았다. 게다가 이구동성으로 이렇게 말하는 것이다.

"서서 하는 게 머리가 잘 돌아가는 느낌이 들어요."

친구인 작곡가 T까지도 이렇게 말했다.

"나도 작곡할 때는 언제나 서서 해요. 악보를 쓰는 테이블도 서 있을 때의 높이에 맞춰 만들었죠. 쟁쟁한 서양 고전 작곡가들도 그랬다고 하던데요."

초상화 속 차이콥스키도 책상을 향해 서 있던 것이 떠올랐다. 서양 골동품 가게에서 입식 라이팅 뷰로<sup>뚜껑을 열면 그 대로 책상이 되는, 서랍이 딸린 사무용 책상</sup>를 자주 봤는데, 작곡가뿐만 아니라 선 채로 무언가 생각하고 창작하는 사람이 꽤 많았던 것이 아닐까 하는 데까지 생각이 미쳤다.

"하지만 로댕의 〈생각하는 사람〉은 앉아서 한 손으로 턱을 받치고 있잖아. 생각하기에는 앉는 편이 더 좋다는 거 아닐까."

기가 죽어 반론하는 나에게 T는 자신만만하게 말했다.

"아니, 직립 원인이 되고 나서 인간의 뇌는 비약적으로 발달했어요. 사고<sup>思考</sup>라는 것 자체가 직립을 원하는 거예요."

"그런가. 난 집에서 생각하거나 책을 읽을 때는 뒹굴뒹굴 누워버리는데 말이야."

문득 이런 생각이 들었다. 나의 선조는 틀림없이 뇌를

수평 상태로 하던 네 발 시절이 다른 유인원보다 20만 년은 길었을지도 모른다고 말이다.

자유라는 이름의 부자유

# 호기심

나는 골프에는 전혀 흥미가 없는 인종이지만, 최근 골프에 눈을 떠 푹 빠진 친구 P가 늘 나를 골프장에 불러내려고 한다.

"아아, 이렇게 맑은 가을날에는 골프가 하고 싶어. 가자, 가자."

"골프 용품이 비싸서 싫어."

"내가 빌려줄게."

"캐디한테 짐을 전부 들게 하고 걷는다니, 신분차별 냄새가 나서 영 껄끄러워."

"그럼 직접 옮기면 되잖아."

"애당초 일본 풍토에 안 맞는 운동이야. 일본같이 좁은 땅에 논밭과 삼림을 변형해 만든 골프장에서 놀다니, 죄책감에 시달릴 거야."

"자연 파괴는 골프장만 그런 게 아니잖아. 일본의 골프

인구는 1000만 명이 족히 넘는다고. 그 사람들이 스트레스를 해소하고, 친구와 교류하고, 둔한 몸을 움직이는 거니까 골프야말로 국민 건강과 복지에 공헌하는 것 아닌가? 앗, 요네하라 씨, 요즘 배 둘레에 지방이 훨씬 더 넉넉해진 거 아니야? 그 지방을 빼려면 골프가 딱 맞을 거 같은데."

"시끄러워! 쓸데없는 참견 마!"

늘 이런 전개가 되고 만다. 그러던 어느 날, P가 단골이 된 골프장에 얽힌 재밌는 이야기를 들려주었다.

도쿄 교외에 위치한 그 골프장의 입구 가까이에는 골프 손님을 대상으로 한 몇몇 선술집이 들어서 있고, 골프장 입구 바로 앞에 조성된 간소한 광장에는 하늘색 벤치가 몇 개 놓여 있다고 한다. 언젠가부터 P는 그 벤치 중 하나에 앉아 있는 별난 노인을 발견했다. 그 노인은 세속에 초연한 듯한 신선 같은 풍모에, 낚싯대를 들고 벤치에 계속 앉아 있었다. 바짝 선 낚싯줄은 관목 수풀에 던져진 채다.

"아마 실성했는지도 몰라. 그래도, 어쩜 그렇게 매력적인 풍모를 갖춘 걸까."

P는 왠지 모르게 위엄마저 감도는 노인에게 도취되어, 어쩐지 측은한 마음에 말을 걸었다.

"여기서 뭐 하세요?"

"보면 알잖소. 물고기를 낚고 있지."

노인은 쉰 목소리로 힘없이 대답했다. 그걸 듣고 P는 점점 더 노인이 불쌍하게 느껴졌다.

"아, 물고기를 낚으신다고요. 그럼 잠깐 쉴 겸, 저랑 저 선술집에서 한잔하실래요?"

"그거 고맙소."

노인은 낚싯대를 접어놓고, 부랴부랴 P의 뒤를 따라 선술집에 들어갔다. 맥주를 따라주니 좋아하며 들이켰고, 담배를 권하니 연거푸 세 대를 피웠다. 정말 맛있다는 얼굴이었다. P는 선행을 베푼 만족감과 쑥스러움을 느끼며 노인에게 물어봤다.

"할아버지, 물고기를 낚는다고 하셨죠? 그럼 오늘은 얼마나 낚으셨어요?"

노인은 행복한 듯이 담배를 태우며 중얼거렸다.

"오늘은 댁까지 세 명째야."

P의 얘기를 다 듣자마자 나는 소리 질렀다.

"와앗, 그 노인 분 한번 만나보고 싶어!"

"그럴 줄 알았어."

다음 일요일은 하늘도 활짝 개어, P가 운전하는 차로 구단에 위치한 골프장으로 향했다.

"자, 다 왔어."

"어라!?"

"왜 그래?"

"선술집도 없고, 광장도 하늘색 벤치도 없네……. 내가 속았구나! 그 노인 얘기 거짓말이지?"

"뭐 그런 셈이지."

"몇 명이나 걸려들었어?"

"요네하라 씨까지 두 명째야."

# 선물을 주고받는 이유

　20년 전쯤에 NHK의 교육 프로그램에서 걸작 코미디 시리즈가 방영된 적이 있다. 다모리<sub>일본 최장수 프로그램의 사회자, 코미디언</sub>도 다케시<sub>기타노 다케시(비트 다케시)</sub>도 산마<sub>일본의 코미디언, 사회자, 배우</sub>도 얼굴이 파래질 정도로, 매회 기절하다 죽어도 모를 만큼 웃긴 내용이었다. 비디오 플레이어 같은 것이 보급되지 않았던 그 당시, 매주 금요일 밤 11시 반에는 꼭 텔레비전 앞에 앉을 수 있도록 몇 번이고 헐레벌떡 현관까지 달려 갔는지 모른다. 잊을 수도 없는 그 프로그램 제목은 대학 강좌 시리즈 〈일본어의 특질〉, 강사는 긴다이치 하루히코 선생님이었다.

　어느 날, 일본어 특유의 '겸연쩍다<sub>極まり悪い</sub>'라는 표현에 대해 이야기가 이어졌다. 당시 조치대학에서 교편을 잡고 있던 긴다이치 선생님은 동료인 미국인에게 이런 질문을 받았다고 한다.

"겸연쩍다는 건 남 앞에서 체면이 영 안 설 때 느끼는 정신 상태를 말하는 것 같긴 한데, 아무래도 감이 잘 안 잡혀요."

긴다이치 선생님은 열심히 설명했지만, 동료는 아무리 해도 이해를 못 했다. 그래서 구체적인 예를 들기로 했다.

"자기 집에서 제일 가까운 역까지 가는 데 두 가지 길이 있어요. 한쪽은 멀리 돌아가야 돼서 아침 출근시간에는 당연히 지름길 쪽으로 가죠. 이 경우, 반드시 이웃집의 멋진 정원 앞을 지나가야 해요. 보통 그 시각은 이웃집 부인이 정원 청소를 하고 있어서 울타리 너머로 '안녕하세요' 하고 인사를 나누고 가죠.

그런데 어느 날, 역에 도착하기 직전에 깜박하고 놓고 나온 물건이 있다는 걸 깨달아요. 당황해서 바로 집으로 돌아갑니다. 이웃집 앞을 지나칠 때, 아직 부인이 정원 청소를 하고 있다면 문제가 없어요. 그런데 마침 부인은 집 안으로 들어간 거예요. 나는 물건을 챙겨 다시 허둥지둥 역을 향해 달립니다. 서둘러야 하니까 멀리 돌아가는 길로는 가지 않죠. 이웃집 부인이 계속 집 안에 있다면 문제가 없어요. 그런데 마침 내가 통과하는 순간에 다시 정원으로 나오고, 게다가 꼭 이럴 때엔 눈이 마주치죠. 그럴 때 자기 마음에 생기는 감각을 '겸연쩍다'라고 말하는 거예요. 미국인이라면 이럴 때 뭐라고 말하죠?"

"그럴 때요? '조금 전에 제 동생이 여기를 지나가지 않았나요?' 뭐 이렇게 말하지 않을까요."

긴다이치 선생님은 일본인의 인간관계의 특징, 이상할 정도로 체면 차리기에 신경 쓰는 독특한 정신 상태를 나타내는 표현이 일본어에는 무척 많으며, 그 대표 격이 '겸연쩍다'라는 말이라고 지적한다. 더불어 일본인이 언제 가장 '겸연쩍어'하는지에 대한 의견을 전개한다. 바로 '타인에게 물건을 받을 때'라는 것이다.

"타인에게 이유도 없이 선물을 받으면, 일본인은 겸연쩍어서 어쩔 줄 모르죠. 그 겸연쩍은 기분에서 되도록 빨리 벗어나고 싶어서 선물을 준 사람에게 답례품을 주는 거예요."

'아, 그렇구나' 하며 나는 고개를 끄덕였다. 오봉온력 7월 15일 전후에 걸쳐 조상에게 불교식 제사를 올리는 명절로 우리의 백중날에 해당 무렵엔 백중날 선물을, 연말에는 연말이라고 선물을 주고받는다. 크리스마스 땐 산타클로스에게 선물을 받고, 여자가 남자에게 선물하는 밸런타인데이까지, 일본인의 생활에 정착한 축제나 행사는 모두 선물 교환을 동반하면서부터 비로소 뿌리내린 것이 아닐까 싶다. 아무래도 일본인은 언제나 상대를 겸연쩍게 만들고 싶어서 안절부절못하는 인종인 것 같다. 축제는 겸연쩍게 만드는 데 대의명분을 부여하는 역할을 해야 한다. 물론 일본인의 이런 성향을 상업주의가 그냥 넘길 리 없다.

　많은 외국인에게는 미스터리겠지만, 기독교인이 전체 인구의 1퍼센트에도 미치지 않는 나라에서 크리스마스가 국민적 행사가 된 까닭은, 일본인의 마음을 꽉 잡는 선물 교환이라는 부록이 있기 때문임이 틀림없다. 그렇다, 선물이 가득 찬 커다란 자루를 안고 나타나 아이들에게 나눠 주는 산타클로스가 없었다면 이국 신의 생일은 축하 행사로서 정착하지 못했을지도 모른다.

# 열량보존의 법칙

　냉방이 잘된 방에서 선잠을 자다가 감기에 걸렸다. 콧물을 질질 흘리면서 '아, 그러고 보니 내가 어릴 적, 그러니까 거의 40년 전에는 일반 가정집에 냉방이 완비된 것은 생각할 수도 없는 일이었지' 하는 생각이 들어 왠지 감개무량했다.

　선풍기가 있으면 그나마 다행이었고, 부채를 사용해 자기 힘으로 바람을 일으켜 어떻게든 더위를 쫓으려 했다. 냉장고도 매일 아침 얼음 장수가 배달해주는 얼음 조각을 넣는 밀폐형 서랍장 같은 모양으로, 얼음이 녹을 때 주위의 열기를 뺏어가는 원리를 응용한 정말 단순명쾌한 물건이었다. 밤에는 통풍을 위해 모든 문을 열어두다 보니 모기장을 치고 자야 했다. 지금 모기장이 있는 집이 얼마나 될까.

　청빈하고 아름답다. 황홀할 정도로 '환경 친화적인' 생활이다. 그때의 생활양식으로 돌아갈 수 있을까. 적어도 철과 콘크리트와 아스팔트에 둘러싸인 도시에 사는 이상은 무리일 것이다.

해가 갈수록 대도시의 여름은 참을 수 없을 정도로 뜨거워지고 있다. 대기는 여름의 태양에 의해서만 데워지는 것이 아니다. 건물 안을 냉방하면서 배출되는 열기도 더해진다. 하지만 그 열기를 흡수해줘야 할 땅과 나무들이 너무나도 적다.

학창 시절 과학 시간에 배웠던 '열의 일당량'이라는 개념과 '열량보존의 법칙'이 떠올랐다. '열의 일당량'이란 '일은 열로 전환되고, 열은 일로 전환된다'라는 개념이다. 예를 들어 물체를 마찰하는 '일'을 하면 열이 발생한다. 반대로 엔진은 열을 자동차나 로켓을 움직이는 '일'로 전환시킨다. 요약하면 우리의 방을 식히기 위한 열은, 화석연료의 연소나 물의 낙하와 같은 '일'을 어딘가에서 전기 에너지로 전환한 덕분에 생겨난다는 것이다.

'열량보존의 법칙'이란 '고온의 물체가 잃은 열량은 저온의 물체가 얻은 열량과 동일하다'라는 것이다. 즉, 냉방도 난방도 어디까지나 부분적으로만 실현될 뿐이라는 말이다. 어디를 식히면 다른 어디가 데워지고, 어디를 데우면 다른 어디는 식는다. 우리는 자기 방을 식히는 대신에 바깥 공기에 열을 더하고 있는 셈이다.

열역학에 따르면 열과 일은 모두 에너지의 일종으로 여겨져 '열량보존의 법칙'은 '에너지보존의 법칙'과도 통한다.

이런 이야기를 떠올리며 대도시 중심가를 걸어보라. 지하철도 빌딩 안도 냉방이 두루 잘되어 있지만, 일단 바깥을 걷다 보면 여기저기에서 에어컨이 일제히 배출하는 열기에 숨이 막힌다.

에어컨이 없으면 백화점이나 슈퍼마켓의 손님이 줄어들 것은 불 보듯 뻔하고, 모든 사무실의 업무 효율이 눈에 띌 정도로 떨어질 것이다. 나 역시 작업실에는 에어컨을 들여놓았다.

하지만, 하지만, 하지만. '열의 일당량'과 '에너지보존의 법칙'을 생각하면, 지독하게 더운 여름에 에어컨을 종일 돌리면서까지 일을 할 필요는 없지 않을까. 금전적으로 환산한다면 직원들에게 일을 시키는 쪽이 기업 입장에서는 득이 될지도 모르지만, 지구 자원의 경제학을 기준으로 생각한다면 지구에는 상당한 부담이 아닐까. 아무튼, 일본의 화석연료 소비량은 일본 인구의 열 배 인구가 사는 중국보다 두 배나 많다고 하지 않나.

거기에 실업률이 전후 최악을 경신하고 있는 오늘날, 근로자의 과로를 막는 것만으로도 고용이 확보되지 않을까. 앞서 언급했듯이 일본 샐러리맨이 쓰는 유급휴가가 평균 열흘 미만이라고 한다. 이런 탓에 '실업을 수출'한다며 각국의 차가운 눈초리를 받고 있기도 하고 말이다.

즉 어디에선가 일을 너무 많이 하면, 다른 어디의 일은 없어진다. '일량보존의 법칙'이라는 것도 있을 법하다.

# 컴퓨터와 인터넷

20년도 더 된 일이다. 어업회사에 고용되어 당시로서는 첨단기술의 양어養魚 설비를 소련에 팔려고 하는 상담商談의 통역을 맡은 적이 있다. 소련 측 교섭 창구는 어업부 공무원이었다.

일본에서는 컴퓨터 도입이 어느 정도 진척되어 OA(office automation)라는 말이 각종 미디어에 등장해 한창 유행하다가 조금씩 식상해질 무렵이었다.

아직 민간 수요 부분에서는 전산화가 뒤처진 소련은 이쪽이 기가 질릴 정도로 컴퓨터에 대한 꿈을 부풀리고 있었다. 컴퓨터는 확실히 생산 효율을 끌어올리고, 귀찮은 수작업으로부터 사람들을 해방시켜 작업을 간소화할 것이라고 믿어 의심치 않았다. 어쩐 일인지 컴퓨터가 버튼 한번 누르면 힘 안 들이고 순식간에 목적을 달성할 수 있는 마법의 기계라도 되는 양 굳게 믿고 있었다.

확실히 소련 측이 구매하기로 한 양어 설비는 수온과 배합 사료 조정 같은 작업이 컴퓨터에 의해 자동으로 제어되도록 만들어져 있다. 하지만 필요한 배합 사료를 조달하고 정기적으로 용기의 위생을 점검하는 일은 사람이 해야 한다. 적정한 수온 조절 또한 사람이 초기 데이터 입력을 정확히 하고, 물고기의 건강 상태에 대해 주의 깊고 철저하게 관찰한 것에 기초해 수시로 갱신되는 데이터가 전제되어야 한다.

"컴퓨터는 활어조에 기준 이상으로 해초가 무성해지는 것을 알려주기는 하지만, 여분의 해초를 치우는 일은 사람 손으로 할 수밖에 없어요."

"사람이 해야 한다고요?"

"당연하죠."

"그렇다면, 지금까지와 크게 다를 것도 없지 않습니까!"

일본 측의 설명에 소련 측 교섭 담당자는 의자에서 펄쩍 뛰며 소리쳤다.

나도 처음에는 작업의 전산화로 사람들이 하찮은 잡무에서 해방되면 보다 창조적인 활동을 할 수 있고, 시간과 에너지 대부분을 쉬는 데 쏟을 수 있을 거라고 기대했지만, 결국 대다수 사람들은 컴퓨터에 일을 빼앗기거나, 컴퓨터의 부품으로 전락하거나, 잘해봤자 고작 컴퓨터의 조

수로 만족할 수밖에 없게 되었다.

그런데도 사람들은 질리지도 않고 꿈을 그리려 한다. 지금 그 꿈의 대상이 된 것은 컴퓨터를 통신망으로 연결한 인터넷이다. 인터넷 비즈니스의 개척자로 자신이 세운 인터넷 관련 회사의 주가가 폭등한 덕에 단기간에 거액의 부를 거머쥔 사업가는 "인터넷은 18세기 산업혁명 때 발명된 발동기發動機에 필적하는 역할을 한다"라고 호언장담했다. 한편 정부와 재계도 "IT 혁명에 뒤처지면 안 된다"라며 오히려 더 안달하고 있다. 시류를 타는 것이 속성이 된 일부 학자들은 이 경향에 박차를 가한다. 그들은 이렇게 말한다.

"인터넷을 자유자재로 쓰는 일은, 일찍이 문자를 읽을 수 있는가를 기준으로 그 사람의 사회와 문화에 대한 접근이 좌우되었던 것처럼, 그 중요성이 날로 커지고 있다."

그리고 미디어는 마치 지금의 불황 타개 여부는 IT에 달려 있기라도 하다는 듯 부채질을 해댄다. 하긴 오늘날의 텔레비전과 신문 광고 수입의 대부분이 인터넷과 관련이 있으니, 어쨌든 미디어는 IT 덕에 불황을 타개한 셈이다.

최근 텔레비전 광고에서 전자상거래나 인터넷 비즈니스에 대해 떠들썩하게 선전하는데, 인터넷을 통하면 알아서 고객이 걸려들고, 컴퓨터가 멋대로 주문을 받아주기라도 하는 것처럼 홍보하는 게 우습다. 이러한 선전망에 걸려드는 사람들이 꽤 있을 것 같다는 게 우습다는 것만으로는 끝나지 않는 문제지만 말이다.

# 자립

풍족함의 부산물일까. 스무 살이 넘어도 취직도 하지 않고 집안일도 안 하고 태연하게 부모에게 기대는 청년들이 많아졌다. 사회적 훈련의 장을 갖지 못하고 제대로 된 인간관계를 구축할 기회를 잃어버린 그들은, 자아실현에 대한 소망과 이성異性에 대한 욕구를 조절하는 것이 무척 서툴다. 이러한 유형의 젊은이들이 최근 잇달아 발생한 음침한 사건의 주역을 맡는 일이 점점 늘고 있다.

이 타입의 변형으로 '패러사이트 싱글parasite single'이라고 불리는 사람들도 있다. 그들은 훌륭한 학력과 직함을 가지고 있지만, 시간이 흘러도 결혼도 안 하고 부모와 산다. 집안일은 부모에게 다 맡기면서 생활비도 내지 않고, 자기가 모은 돈은 자기를 위해서만 쓴다.

사회는 고령화를 향해 한없이 달려가고 있는데, 젊은 세대에서 이렇게 뼛속까지 자기중심적인 사람의 비율이 증가하고 있다. 무서운 일이다. 앞으로 15년만 지나면 연금 수급 연령이 되는 나는 생리적인 공포마저 느껴진다.

하지만 누군가에게 의지해 생활하는 게 습성이 된 그들만을 질책하는 것도 가혹한 일이다. 그들은 어린 시절부터 가정과 학교에서 "집안일 같은 거 안 해도 되니까, 공부해, 공부해"라는 말만 들으며 자신을 위해서 사는 것을 최우선으로 하도록 배웠기 때문이다. 그렇다면 그런 식으로 가르친 부모 잘못인가. 귀여운 내 자식이 사회 진출을 할 때가 되어도, 그 후의 인생 역시 학력에 크게 좌우되는 풍조를 생각하면 부모들을 책망할 수도 없다.

"귀여운 자식은 여행을 보내라" "사자는 자식을 깊은 계곡에 떨어뜨린다" 등의 속담에도 나타나듯이, 아이를 자립시키기란 어려운 문제다. 특히 지금까지 마냥 자신에게 의존해왔던 아이를 자립시킬 때를 파악하는 것은 무척 어렵다.

스스로 아이를 키워본 적도 없는 주제에 잘난 척하며 이런 글을 쓰는 이유는, 통역 현장에서도 이와 비슷한 문제가 무척 많이 발생하기 때문이다.

몇 년 전, 품위 없는 일본의 대신과 신흥 독립국 대통령과의 회담 자리에서 일어난 일이다.

"나라가 꽤 가난한 것 같던데, 앞으로 일본이 팍팍 원조하겠소."

일본 대신의 발언을 듣고, 그 자리에 있던 일본 무역상사 직원들은 파랗게 질렸다. 믿을 사람은 통역관뿐이었지만, '가난하다'를 그대로 통역해버리고 말았다. 거기에다 확인사살하듯 상대국에 전달할 연설 원고의 영문 번역본에도 'poor country'로 쓰여 있었다. 자국을 '가난하다'라고 말하는 것은 괜찮지만, 타국 사람에게 듣고 싶은 말은 아니다.

대통령은 당연히 화가 치밀어올랐지만, 간절하게 원하던 엔화 차관 때문에 울분을 참는 게 보였다는 말을 그때 동석했던 상사 직원에게 들은 적이 있다. 그런데도 대신은 상대방이 기분이 상했다는 것을 전혀 눈치채지 못했다. 돈을 빌리는 쪽은 돈을 빌린다는 그 자체로도 굴욕감을 맛보고 있을 텐데, 그 상처에 소금을 뿌리는 말의 칼. 국민의 혈세를 밑천으로 돈을 빌려주면서 세계 곳곳에 이런 말을 뱉으며 일본을 혐오하는 나라를 늘리는 건 아닌지 등골이 오싹해진다.

많은 사람들이, 이럴 때는 통역관이 문제 되는 부분을 옮기지 않거나 부드럽게 표현하는 편이 좋지 않을까 하고 말한다. 나도 이 이야기를 들었을 때는 나라면 세심하게 주의해서 일부러 오역을 했겠지 하고 생각했다.

하지만 최근에 이러한 통역에 대한 노파심은 오히려 정치가들의 국제 커뮤니케이션 훈련의 장을 빼앗을 수 있다는 것을 깨달았다. 통역이 완충 작용을 한다면 대일 감정의 악화를 일시적으로 막을 수 있을지도 모르지만, 이는 오히려 문제를 미루는 것에 불과하다.

그래서 지금은 '댁의 나라는 가난하다'라는 발언을 그대로 전달한 통역관이 옳았다고 생각한다. 단, 상대국 측이 느낀 불쾌감도 그대로 대신에게 전달했다면 더욱 좋았으리라. 언제까지나 부모에게 기대는 아이처럼, 국제무대에서 자립하지 못하는 정치가는 곤란하니 말이다.

# 프런티어의 상실

　"칫솔이랑 치약, 비누, 잠옷까지 제대로 챙겼소."

　"맞아, 소련의 호텔은 화장지도 준비되어 있지 않다고 하잖소. 변기 옆 상자에 찢어놓은 신문지가 있으면 그나마 양반이라던데."

　"그래서야 큰일이군. 화장지를 두 롤 정도는 가져가야겠네. 깜박 잊을 뻔했어요."

　"팁으로 줄 팬티스타킹이랑 100엔짜리 라이터는 각각 30개 정도 준비하면 충분하려나."

　평균 연령 70세 전후의 신사들이 뭔가 굉장히 들떠서 깔깔깔 웃어대며 여행 채비를 확인하고 있다.

　"아, 초등학교 시절에 소풍 가던 생각이 나네. 오늘 밤은 잠도 안 올 것 같아."

　전후 일본의 경제계에서 큰 공을 세우고 이름을 날렸으며, 지금은 현역에서 물러나 유유자적한 생활을 하는 사람들이었다.

고르바초프가 등장했을 무렵이니 1986년이었던가, 페레스트로이카라는 경제 개혁에 착수한 소련에서 그들의 귀중한 경험을 바탕으로 적확한 조언을 구하고 싶다고 청해서 나서게 된 것이다.

통역을 맡은 나는 여행 전날 설명회에 출석하여 인품과 풍채를 두루 갖춘 신사들이 어린아이처럼 들뜬 모습을 보고 눈이 휘둥그레졌다. 평소에는 시들고 생기 잃은 느낌이었던 노인들의 얼굴이 행복과 기쁨으로 상기되어 눈은 반짝반짝 빛났고, 몸 전체에서 생생한 에너지가 용솟음쳤다.

타인이 자신을 필요로 한다는 것이 그들에게 이렇게 활기를 준 것이리라. 거기에 일본과는 비교가 안 될 정도로 불편하고 불쾌할 수 있는 소련으로의 여행이 모험심을 자극해 가슴이 설렜던 것은 아닐까.

생각했던 그대로였다. 그들은 호텔에서 화장실 변기 의자가 떨어져나갔다며 만면에 미소를 띠며 한탄했고, 수도꼭지에서 황토색 온수가 나온다며 기쁜 듯이 비명을 질렀다. 시찰하는 점포의 볼품없는 진열과 전시, 무뚝뚝하고 눈치 없는 점원을 보며 포복절도하며 기막혀했다.

그 모습에 천진난만한 우월감도 엿볼 수 있었지만, 조언하는 모습은 진지했다.

"선진국 자본을 유치하고 싶다면 그 나라 사람들이 쾌적하게 지낼 수 있는 호텔과 편리한 교통기관, 풍부한 상품이 갖춰진 점포를 준비해야 합니다. 생활용품도 제대로 갖춰져야 하고요."

"관광업을 발전시키고 싶다면 좀 더 감각 있는 토산품을 만드시오. 식료품점도 선진국 사람들의 미각과 위생 감각에 맞추도록 노력해야 하오."

그러한 조언을 통역하고 10년도 지나지 않아 소련은 붕괴했고, 구소련 여기저기에 서양의 고급 호텔 체인이 진출했다. 하나같이 도쿄의 초일류 호텔에 뒤지지 않는 설비와 서비스를 자랑한다. 촉감 좋은 화장지와 고급 비누는 말할 것도 없고, 욕실에는 일회용 칫솔과 면도기 세트, 샴푸와 린스가 갖춰져 있다.

대도시 번화가에는 일본의 곳곳에서도 발견할 수 있는 편의점과 패스트푸드 체인점이 진출했다. 그곳 점원들은 모두 일본의 체인점과 똑같이 매뉴얼을 따른 미소와 자세로 응대한다.

15년 만에 다시 방문한 구소련권의 상점가를 돌면서 노인들은 깊은 감회에 젖었다.

"아, 격세지감이 느껴지네. 정말 살기 좋은 나라가 됐어."

그렇게 말하는 그들의 얼굴에서 더는 예전의 반짝임을

찾아볼 수 없었다. 무척 쓸쓸해 보였다. 갑자기 한참은 늙어버린 것처럼 보이는 까닭은 세월의 탓만은 아닌 듯한 기분이 들었다.

# 임신과 출산

　배우 아키요시 구미코 씨가 "아이를 알로 낳고 싶다"라는 명언에서 토로했듯이, 아이를 낳는 데는 여자가 특히 과도한 부담을 갖는다.

　입덧으로 고생하는 아내를 가까이서 지켜보며 이를 면목 없게 생각하던 남자가 있었다.

　"신이시여, 불공평하지 않습니까! 아내가 임신하게 된 건 남편인 저에게도 책임이 있습니다. 그런데 왜 아내만 이렇게 괴로워해야 합니까?"

　남자의 기특한 청에 신도 마음이 움직였나 보다.

　"그래, 좋다. 앞으로는 입덧과 출산의 고통을 산모가 아니라 그 상대방에게 내리도록 하겠다."

　신의 결단은 바로 실행되었는지 이후 남자의 아내는 입덧 때문에 더는 고생하지 않게 되었다. 또한 출산 당일에도 진통 때문에 괴로워하며 뒹구는 일 없이 쉽게 아이를 낳았다. 그런데 이상하게도 마음의 준비를 했던 남자에게 입덧과 출산의 고통은 나타나지 않았다. 원인 불명의 고통과 구역질에 자주 시달리고, 그게 좀 가라앉았다 싶으면 격렬한 복통의 습격에 몸부림친 것은 옆집 사람이었다.

러시아에서는 이혼한 부부에게 미성년인 아이가 있을 경우, 아이가 성인이 되기 전까지 아이를 양육하지 않는 쪽이 양육하는 쪽에게 매월 양육비를 지급해야 한다. 아이가 한 명이면 임금의 4분의 1, 둘이면 3분의 1이라고 엄밀하게 법률로 정해져 있어서, 양육비를 지급하지 않으면 자동으로 임금에서 공제되는 시스템이다. 아이는 어머니가 맡게 되는 경우가 압도적으로 많다. 통계에 의하면 80~90퍼센트 정도라고 한다.

이혼한 A 씨도 16년간 매월 양육비를 지급해왔다. 최근에는 월급날 퇴근 시간에 맞춰 아들이 회사 현관에서 기다리곤 했다. 그것도 오늘이 마지막이다. 아들이 다음 달이면 경사스럽게도 만 열여덟 살 생일을 맞이하기 때문에, A 씨는 드디어 양육비 지급에서 해방되는 것이다. 언제나 고통스럽기만 했던 월급날이었는데, 오늘은 자연스럽게 얼굴에 웃음을 띠었다.

"좋아, 축하도 할 겸 저녁밥을 사주마!"

아들은 A 씨의 권유에 기꺼이 응했다. 어라, 하고 A 씨는 생각했다. 아들도 왠지 굉장히 즐거워 보였기 때문이다. 아들은 식사 중에도 줄곧 기분이 좋아 보였다. 웃음을 억지로 참고 있는 것처럼도 보였다. 식사를 마치고 마지막 양육비를 전달한 A 씨는 큰맘 먹고 아들에게 물어봤다.

"너, 오늘 왜 이렇게 얼굴에 웃음이 가득한 거냐?"

"아버지도 즐거워 죽겠다는 표정이신데요."

"그야 나는 16년 동안 너 같은 시시한 아들놈을 위해서 내가 번 돈의 4분의 1을 빼앗긴 억울함과 고생에서 벗어나는 거 아니냐. 이만큼 축하받을 일이 어디 있겠냐. 그런데 너는 앞으로 양육비를 못 받게 되는 거잖아. 그게 불안하지는 않은 게냐? 지금까지 당연한 듯이 나의 주머니를 털어갔지만 앞으로는 아무리 울상을 지어도 소용없다. 나에 대한 고마움을 뼛속 깊이 느끼게 될 거다. …… 어라, 전혀 그렇지 않은 모양이네. 대체 어떻게 된 거냐? 뭐가 그렇게 기쁘냐?"

"아니 뭐, 기쁘다기보다는 좀 웃겨서요. 16년 동안 자기랑 피 한 방울 안 섞인 아들에게 양육비를 내온 남자가 있다고 생각하면요."

가령 남자와 여자 사이의 법적·경제적·사회적 차별이 철폐되어 양성평등이 완벽히 실현된다고 해도, 다음 세대를 만드는 것에 대한 여자 측의 부담은 여전히 남는다. 남자는 임신과 출산에 따르는 시간적 제약, 육체적·정신적

시련을 영원히 경험할 수 없다. 하지만 여자가 고통의 보상으로 얻는 것은 크고, 남자가 잃는 것도 크다.

# 자유라는 이름의 부자유

"저녁 반찬 뭐 먹고 싶니?" 하고 어머니께서 물어볼 때 "아무거나 다 좋아. 엄마가 만드는 건 다 맛있으니까"라고 대답했다가 칭찬은커녕 "아무거나 좋다는 게 제일 곤란하다고! 확실히 정해!"라며 어머니가 버럭 화를 낸 적은 없는지.

건축가인 친구도 이렇게 말했다.

"아무 결점도 없는 땅에 건축가 마음대로 집을 지어달라는 게 제일 골치 아픈 법이지."

오히려 이런저런 제한이 있는 편이 일이 잘 진행되고 재미있다는 것이다. 그것뿐인가. 애당초 인간이 사는 집을 짓는 것이 불가능할 정도로 결점투성이인 땅에, 땅주인이 무리한 요구를 할수록 걸작이라 부를 만한 집이 지어진다고 한다.

나 역시 이 친구와 같은 종류의 인간이다. 그래서인지

지금으로부터 15년쯤 전에 어느 기특한 편집자에게서 "어떤 주제라도 좋습니다. 언제라도 책으로 만들어드리겠습니다"라는 제안을 받았지만, 아직도 그 두터운 배려에 보답하지 못하고 있다. 하지만 "일주일 뒤인 이번 달 15일까지 원고지 30매, '나 홀로 여행'이라는 주제로 부탁합니다" 하고 시간과 양, 주제가 한정되면 거짓말처럼 빠르게 원고가 진척된다.

이 연재도 일주일에 한 번 마감에 글자 수 제한은 있지만, "자유롭게 무엇이든 써주세요. 단, 야하고 더러운 이야기나 이데올로기적인 주제만은 피해주십시오"라는 거의 방목 수준의 자유가 주어져서인지 매번 주제를 정하기까지가 가장 힘들었다. 그것도 선택지를 두고 헤매는 고급스러운 고민이 아니라, 자유가 주어지면 결국 자기가 가장 하기 쉬운 것으로 타협하고 만다. 그러면 수비 범위가 좁아져 같은 부분을 늘 맴도니 창피할 뿐이다. 그러다 보니 원고보다 마감이 빠른 일러스트레이터로부터 심한 독촉에 시달렸다.

"하다못해 주제라도 빨리 좀."

하지만 나는 그 주제 찾기에 괴로워하며 뒹구는 형편이다. 다섯 번째 연재였던가, 괴로운 나머지 이렇게 투덜거렸다.

"그럼 그림을 먼저 그려줘요. 그림에 맞춰 원고를 쓸 테니까요."

그 방식이 결국 마지막까지 그대로 이어졌다. 전달받은 그림을 실마리로 주제를 정하면 책을 읽을 때도, 주위를 관찰할 때도 그 주제의 시점으로 바라보게 된다. 지금까지 몰랐던 사물의 새로운 측면을 깨닫기도 한다. 자신의 틀이 넓어지는 것이다.

형식 없는 자유로운 춤을 출 때도 그렇다. 음악에 맞춰 몸을 꿈틀거리면 그만이니 누구나 움직이기 쉬운 동작만 하게 된다. 그러다 보면 모두 같은 춤이 되어 보는 쪽도 지루하고, 춤추는 사람도 금방 질리고 만다.

동작 하나하나에 세세하고 엄격한 형식이 있고, 그것을 몸에 익히는 데 몇 년이 걸리는 등 부자유를 느끼며 익힌 춤일수록 오히려 자기표현도 마음껏 할 수 있고, 춤추면서 느끼는 해방감도 크며 만족도도 높다. 형식을 몸에 익히는 과정을 거치면서 몰랐던 동작을 알게 되고, 쓰지 않았던 근육을 능숙하게 움직이게 되고, 자유로워지는 범위가 어느새 더욱 확대되었음을 깨닫게 된다.

부자유한 편이 자유로워지는 것이다. 자유로워야 하는데 결국 구별되지 않는 옷을 입고, 같은 말투를 쓰고, 비슷한 방송 프로그램을 보고, 비슷한 것을 먹는 젊은이들을 보고 있자면 특히 그런 생각이 든다.

# 열심히 한다는 것

텔레비전을 틀어놓으면 "열심히 하세요" "열심히 하겠습니다" 하는 말을 안 듣는 날이 없다. 선거에 자진해서 출마한 후보자도, 불상사의 책임을 져야 할 정치가도, 성적이 부진한 야구 감독도, 스캔들의 중심에 선 탤런트도 "열심히 하겠습니다"라는 한마디로 면죄부를 받고 호감 가는 인물로 돌변한다. 시청자를 대표해 추궁하는 역할을 맡는 인터뷰어들도 "열심히 하세요"라고 어느새 응원하는 역할로 변신한다. 스포츠 방송 등에서는 마치 구호처럼 "열심히 하세요" "열심히 하겠습니다"를 연이어 외친다.

잘못된 방법으로 열심히 하다가 다치면 곤란하고, 비리를 저지른 의원이 그 분야에서 더 열심히 매진해서야 되겠는가. 가장 중요한 것은 무엇을 위해 어떤 식으로 열심히 하느냐다. 이상한 일을 열심히 하면 주변에 폐가 될 뿐이다.

"곤란했죠."

주치의 B 선생님은 알코올중독 직전인 A 씨의 겸연쩍은 듯한 얼굴이 진찰실 문 뒤쪽에서 당장이라도 덮쳐올 것 같다고 중얼거렸다. 방금 도착한 검사 결과를 보니 간 상태가 눈에 띄게 나빠진 것이다.

"술은 적당히 마시면 오히려 몸에 좋지만, A 씨는 너무 많이 마셔요. 하다못해 사흘에 한 번은 간을 쉬게 해주면 어떨까요?"

하지만 A 씨는 실실 웃으며 어떻게든 B 선생님과 눈을 맞추지 않으려고만 할 뿐이다. 선생님의 지시에 따를 생각은 털끝만큼도 없다고 얼굴에 쓰여 있다. 생각다 못해 B 선생님은 조금 겁을 주기로 했다.

"A 씨, 그렇게 술 마시는 게 다 자기 수명 줄이는 거예요."

A 씨의 표정은 변함없었다. 아무 소리도 들을 생각이 없어 보인다.

"하다못해 사흘에 한 번은 금주하는 걸로 수명이 늘어나는 건 보증할게요."

이 말이 끝나자마자 갑자기 A 씨가 몸을 들이밀며 열렬히 동의했다.

"그래요, 선생님! 옳습니다! 참으로 옳은 말씀이에요!"

B 선생님은 기분이 좋아졌다. 아무 반응도 없던 상대로

부터 생각지 못하게 보람이 느껴지는 답이 나왔으니 당연한 일이다. 그런 B 선생님의 모습에는 아랑곳하지 않고, A 씨는 완전히 기쁨에 젖어 떠들어댔다.

"저번 일요일에 결국엔 돈도 다 떨어지고, 빌릴 상대도 없어서 할 수 없이 술을 한 방울도 못 마시고 하루를 보냈거든요. 몇 년 만이었을까. 그날 하루가 얼마나 길던지……. 확실히 선생님이 말씀하신 대로 술을 안 마시면 인생이 길어져요. 이건 뭐 지겨울 정도로 길어져요."

내가 이 재담을 좋아하는 까닭은 술을 좋아해서가 아니라, 무조건 모든 사람에게 좋다고 여겨지는 것이 시간과 경우와 사람에 따라서 반드시 그렇지도 않음을 유머러스하게 일러주기 때문이다. 게다가 인생 그 자체를 포함한 세상사란 양보다 질이 중요하다고 강렬하게 주장하고 있기 때문이다.

이 연재도 그렇다. 이 이상 길어지면 질은 떨어질 대로 떨어질 것이다.

"이건 뭐 지겨울 정도로 길어."

이렇게 빈축을 사기 전에 열심히 하지 않고 철수하겠습니다. 마지막까지 함께해주신 여러분, 감사합니다.

# 유년 시절 기억 속 듬직한 누님

고모리 요이치 小森陽一 (1953~, 문예평론가)

 이 책에는 그리운 에피소드가 한가득 나온다. 그중 하나가 모든 수업을 러시아어로 가르치는 프라하의 8년제 초·중등학교의 추억이다. 나는 요네하라 마리 씨 자매보다 몇 년 뒤에 같은 학교에 다녔다. 초등학교 저학년 때였다.

 말이 전혀 통하지 않는 세계로 내던져진 내가 유일하게 의지할 곳은 선배인 마리 씨의 조언이었다. 나이 차이는 세 살밖에 안 났지만 당시 나로서는 마리 씨가 다 큰 어른처럼 느껴졌다. 마리 씨의 명예를 위해 서둘러 덧붙이자면, 결코 아이답지 않았다든가 노숙해 보였다든가 했던 것은 아니다.

 겉보기에는 3년 위의 예쁜 누나였지만 정신연령이 높아, 나 같은 개구쟁이가 생각지도 못하는 아득하고 깊은 세계를 전부 꿰뚫어보고 있는 것 같았다. 그런 마리 씨의 인상에 지배되었던 것 같다.

이제 와서 돌이켜보면 당연한 일이었다고 납득할 수 있다. 나는 러시아어라는 미지의 언어 세계에서 살아가기 위해 대략적으로 필요한 언어 지도를 전부 마리 씨한테서 받았다. 언어의 개인교사라는 역할을 훨씬 뛰어넘어 언어 습득기의 아이한테 부모와도 같은 존재였던 셈이다.

분명히 초등학교 저학년이었기 때문에 몸짓이나 손짓으로 어느 정도 의사소통은 할 수 있었지만 아무래도 언어적으로 결정적인 궁지에 몰리는 일도 있었다.

러시아어 학교에 다니기 시작하고 한 달쯤 지났을 무렵 내가 친구들한테서 의심을 사게 된 일이 생겼다. 프라하의 겨울은 추워서 통학할 때 아이들은 외투를 입는다. 학교 안에는 난방을 했고, 교실마다 탈의실이 맨 아래층에 있어서 거기에서 외투를 벗어 옷걸이에 걸어놓고 교실로 올라갔다. 하교 때 보니 내 외투 옆에 걸어두었던 친구의 외투가 사라지고 없었다.

"티 네 드나예시(어디 갔는지 몰라)?" 몇몇 친구들이 물었다. 그때 나는 "다(응)"라고 대답했다. 친구들이 다짜고짜 내 멱살을 잡았고 나는 무슨 영문인지 몰라 어리둥절해 있었다. 친구들이 나를 퍽퍽 때리기 시작했다. 그러는 사이 다른 아이가 탈의실에 왔다가 이 광경을 보고, 아마

341

"치토 델라에테(뭐 하는 거야)?"라고 물었을 것이다. 나를 때리던 아이들이 그 아이에게 상황을 설명하자, 그 아이가 웃으면서 다른 곳에 숨겨놓은 외투를 가지고 와 사건은 일단락되었다.

나는 며칠 동안 이 근거 없는 폭력의 이유를 알 수 없었다. 아무래도 내가 한 대답이 잘못되었던 것 같아 마리 씨한테 물었다가 큰 웃음거리가 되었다. 부정형으로 물었기 때문에 부정형으로 대답하지 않으면 외투를 숨긴 장소를 내가 알고 있다는 게 된다는 것을 처음으로 배웠다. 마리 씨는 생존에 관한 정보를 제공해주는, 자비와 사랑이 넘치는 여신이었다.

또 하나의 그리운 추억은 마리 씨가 펼쳐놓는 무수한 재담이다. 마리 씨가 특별했던 것은 아니다. 러시아인은 재담을 정말 좋아한다. 특히 아이들은 나이 많은 사람에게서 들은 재담을 절대로 잊지 않고 있다가 "티 드나예시(너 이 얘기 알아)?" 하면서 같은 학년의 아이들에게 얘기해주고 싶어 안달이었다. 그리고 우월감에 젖어, 방금 들은 재담을 아직 그 이야기를 모르는 친구에게 나이 많은 사람에게서 들은 대로 강약이나 타이밍을 조절해 전하는 것이다.

재담은 기본적으로 은밀한 이야기다. 거기에는 일상에서는 입에 올리면 안 되는 말과 이야기가 응축되어 있다.

해서는 안 되는 것을 해보고 싶다는 마음은 지구상의 모든 어린이들의 공통점이라고 생각한다. 특히 성性과 관련된 재담에는 위험한 매력이 가득하다. 많은 경우 실제로 어떻게 되는 것인지에 대해 생생한 지식이 없으면서, 단지 말만을 그대로 받아 옮기는 것이지만 그것만으로도 가슴이 울렁거리고 두근거린다. 마리 씨는 재담의 명수이자 보고寶庫였다.

여기서 나는 굳이 전국의(전 세계일까?) 요네하라 마리 팬들을 적으로 돌릴 각오를 하고 충격적인 고백을 하지 않으면 안 된다.

"나는 마리 씨와 함께 잤다!"

어떤가! 충격이 오는가! 요네하라 자매의 부모님이 오랜 기간 프라하를 비울 일이 생겨서 우리 집에서 지내게 되었다. 나와 여동생은 요네하라 자매와 같은 침실에서 잠을 잤다. 유감스럽게도 같은 침대는 아니었지만.

아마도 매일 밤이었던 것 같은데, 나는 마리 씨한테 온갖 질문을 했다. 마리 씨는 어떤 질문에도 매우 자상하게 대답해주었다. 내 기억에는 불을 끈 침실 안에서 가로등 불빛을 받아 어슴푸레하게 떠올라 나를 향해 이야기를 해주던 마리 씨의 모습만이 새겨져 있다. 서로의 여동생의 모습은 지워져 있다. 사실 나의 바람이 그런 기억을 구성하고 있을 뿐이지만.

귓가에 쟁쟁한 마리 씨의 목소리는 언제나 이런 식으로 시작된다.

"요쨩, 그건 말이야, 사실은 이런 거야……."

마리 씨의 이야기는 항상 하늘이 놀라고 땅이 뒤흔들릴 만한 진상 폭로로 구성되어 있었다. 그 이야기의 힘은 타고난 것인지, 언어를 둘러싼 힘겨운 싸움을 거쳐 후천적으로 획득한 것인지 지금으로서는 판단을 유보하고 싶다.

어쨌든, 초등학교 저학년의 개구쟁이가 "과연!" 하고 무릎을 치고, 자세를 풀고, 결국에는 무릎을 꿇을 수밖에 없게 만드는 이야기의 달인이었다.

개구쟁이로서는 제대로 알 수 없는 어른들의 세계, 정치의 세계, 국제사회에 관한 것까지 이야기해주었던 것으로 기억한다. 그래서 나에게 마리 씨는 언제까지나 '한밤의 태양'인 것이다.

별과 태양이 실은 같은 것이라는 사실을 얼마 안 있어 알게 되었지만, 지구에서 가장 가까운 행성인 태양의 빛이 너무 강해 하늘을 가득 채운 별이 한낮에는 개별성을 지니지는 않는다는 것을 알게 되기까지는 상당한 시간이 걸렸다. 그래서 마리 씨의 언어의 빛과 진짜로 만나는 데는 좀 더 시간이 걸릴지도 모른다.

# 선입견을 무너뜨린 위트와 지성,
## 타고난 재담가를 그리며

　일본인의 이름치고는 조금 특이한 요네하라라는 이름을 처음으로 접한 것은 몇 년 전 서울에서 열린 한·중·일 문학 포럼의 자료집에서였다. 개인적으로 경애하는 작가인 이노우에 히사시 선생의 강연 내용이 자료집에 실려 찾아보았는데 그 제목이 '노신·김산·요네하라 이타루'였다. 동아시아 3국에서 제국주의의 지배에 저항했던 대표적인 지식인들의 삶과 정신을 통해 동아시아의 연대를 모색하자는 짧은 강연이었는데 거기에서 노신, 김산과 동급으로 거론되는 요네하라 이타루라는 이름의, 일본의 양심적 지식인이 있었다는 걸 알게 되었다.(나중에 요네하라 이타루가 이노우에 히사시 선생의 이미 작고한 장인이라는 사실을 알게 되었지만 그렇다고 해서 정실情實에 치우친 인물 소개로 생각하지는 않으며 두 분에 대한 내 존경심 역시 조금도 흔들리지 않고 있다!)

이노우에 히사시는 그 강연에서 요네하라 이타루를 언급하면서 그의 딸 요네하라 마리(그러니까 요네하라 마리는 이노우에 히사시의 나이 어린 처형인 셈이다)를 간략하게 소개했다. 그것이 막연하나마 요네하라 마리에 대해 어떤 첫인상—양심적인 지식인을 아버지로 둔 '여류' 수필가—을 갖는 계기가 되었다. 그 후 요네하라 마리의 책 몇 권을 읽게 되었다. 그 책들을 통해 요네하라 마리의 이미지는 서서히 흥미로운 실루엣을 띠기 시작했다.

그러다가 얼마 전 출간된 요네하라 마리의 책을 소개한 신문 서평에서 그녀의 사진을 보았다. 젊은 시절의 모습인 것으로 보아 조금은 오래된 사진인 듯했다. 한편으로 화려한 회의장의 조명이 칸막이 유리에 비치고 요네하라 마리는—그녀가 이 책에서 '작은방'이라고 불렀던 동시통역 부스 안에서— 헤드폰을 낀 채 약간은 긴장되고 피곤한 모습으로 회의 내용에 귀를 기울이며 회의장을 바라보고 있는 스냅 사진이었다. 양손을 가볍게 탁자에 기댄 채 약간은 구부정한 자세로, 한 손에는 펜을 들고 심각한 표정으로 회의 내용에 집중하고 있는 그녀의 모습은 보는 순간 이상하게도 가슴을 쩡하게 했다. 그 사진을 통해 나는 그녀의 다양한 글 속에 드러나지 않은 일면을 본 듯한 느낌이 들었다. 그리고 그 사진을 보고 난 뒤 요네하라 마리라는 인물과 글들의 의미를 다시 한 번 곱 씹어볼 수 있었다.

사실 '여류 에세이'란 장르(그런 게 있다면)에 대해 선입 견을 가지고 있었다. 요네하라 마리도 그런 장르의 또 한 명의 작가일 거라고 추측했다. 처음으로 읽었던 『인간 수 컷은 필요 없어』란 책은 제목부터가 그런 선입견에 너무 도 부합하는 책처럼 보였다. '고양이를 소재로 한 명사의 그렇고 그런 잡문을 모아놓은 거겠군' 하고 심드렁한 마 음으로 책을 읽기 시작했다. 하지만 선입견은 통쾌하게 무너졌다. 넘치는 위트는 책장을 넘기는 손을 가볍게 했 고 풍부한 인문학적 지식과 성장 과정에서의 독특한 체험 이 잘 녹아 있는 일화들은 이야기의 재미를 만끽하게 해 주었다. 그리고 인간 세계뿐 아니라 동물의 세계까지 포 함해 세상을 바라보는 그녀의 따뜻한 시선은, 그녀가 느 끼는 희로애락을 십분 공감할 수 있게 해주었다.

통역을 하며 저질렀던 낯 뜨거운 실수들을 가감 없이 드 러낸 『미녀냐 추녀냐』를 통해 그녀의 성숙한 인간적인 품 성을 다시 한 번 확인할 수 있었으며, 음식이라는 소재를 인류학적인 탐구의 수준으로 파고든 『미식견문록』을 통 해서는 그녀의 사유의 깊이와 치열함을 맛볼 수 있었다.

소녀 시절의 추억을 찾아 옛 친구를 찾아나선 『프라하의 소녀시대』는 오디세이의 귀향만큼이나, 그리고 히치콕의 영화만큼이나 흥미진진하고 스릴이 넘쳤다. 그녀가 보여준 에세이들은 형식에서 자유롭고, 내용에서 다양했다.

　　나는 아홉 살부터 열네 살까지 소녀 시절을 체코슬로바키아의 프라하에서 보냈다. 그곳에서 나는 모든 수업을 러시아어로 진행하는 학교를 다녔다.

작가 요네하라 마리를 이해하는 가장 중요한 명제는 바로 이 두 문장이다. 그녀는 이 사실을 거의 모든 책에서 빼놓지 않고 언급하고 있다. 요네하라 마리의 에세이들은 그녀의 특이한 성장 체험을 빼놓고는 얘기할 수 없을 것이다. 그리고 두 문화의 경계에서 언어와 문화를 옮기는 직업을 선택한 그녀의 인생행로도 결국은 그 두 문장에서 비롯한 것이다.

이문화 체험에 기반한 글들은 예전에 비해 엄청나게 많아졌다. 하지만 요네하라 마리의 에세이가 그런 류의 에세이들에 비해 깊이가 있는 것은, 다름에 대한 체험을 소개하는 것에 머물지 않는 데 있다. 다름을 통해 타자와 나를 다시 한 번 돌아보고, 다름이란 결국은 같음의 또 다른 양태라는 것을 깨달았다는 것에 있다.

그리고 두 문장을 통해 요네하라 마리는 그녀의 글에 20세기 후반 동서 냉전의 시대적 배경이 뚜렷하게 새겨져 있다는 걸 명확히 인식하고 있다. 거대한 세계사의 조류 한가운데를 지나갔던 그녀의 가족사는 요네하라 마리의 실존에 배경 그림이 되었을 것이다. 그래서 우리는 그녀의 삶과 글에서 20세기 후반의 살아 있는 역사를 생생하게 느낄 수 있다.

요네하라 마리는 유명한 동시통역사였지만 개인적으로 그녀의 다양한 면모 중 가장 두드러지게 다가오는 것은 그녀가 타고난 재담가라는 사실이다. 이 책의 해설을 쓴 고모리 요이치의 회상에도 나오듯이 그녀는 어린 시절부터 이미 타고난 입담을 자랑했다고 한다. 그녀의 입담은 이 책 『교양 노트』에서도 여실히 드러난다. 발표된 지면의 한계 때문에 한 가지 소재에 대해 더 깊이 있게 천착하지 못한 아쉬움은 있다. 하지만 가벼운 풋스텝으로 중앙아시아의 전설과 민담, 동유럽의 재담과 그들의 삶에 대한 자세가 엿보이는 여러 가지 일화 등, 다양한 소재를 오가는 글들이 맛깔스럽다. 독자들은 부담 없는 자리에서 주위 사람들을 웃겨줄 만한 이야기보따리를 한 아름 선물받게 될 것이다.(이미 이 책에 나온 재담의 일부를 주위에 전달해 성공(!)을 거둔 터라는 걸 간증할 수도 있다.) 요네하라 마리의 전매특허나 다름없는 동서양 문화 충돌의 체험과 동시통역이라는 흥미로운 직업의 세계를 엿보는 재미도 놓칠 수없다. 발터 베냐민은 이야기꾼의 두 모델로 농경문화 속에서 오래도록 농사를 지은 노인과 전 세계를 항해하는 뱃사람을 들었지만, 요네하라 마리의 에세이들을 읽었더라면 거기에 두 문화의 접점에서 그것을 이어주는 통·번역가도 포함시켰으리라.

내가 요네하라 마리를 처음 접했을 때 그녀는 이미 이세상 사람이 아니었다. 그것을 알고 있었는데도 그녀의 작품들을 읽다가 그녀가 죽었다는 사실을 새삼스레 깨닫고 허전함을 느끼고는 했다. 게다가 죽음이라는 말과 연관되기에는 자연스럽지 않은 나이였고 속물의 시각에서 그녀가 결혼도 하지 않았다는 걸 생각하면 안타까움은 더해진다. 앞서 언급한 그 사진을 보았을 때 울컥한 기분이 들었던 것은 물론 그녀의 글을 통해 가졌던 다양한 인상에 대한 복잡한 소회에 따른 것이었겠지만, 아마도 그녀의 때 이른 죽음이 가장 큰 요인이었을 것이다.

'요네하라 마리 팬클럽'의 말석에 자리 잡기도 버거운 일개 서생이 과분하게도 그녀의 이름과 연관되는 영광을 입었다. 역부족으로 이런 치졸한 후기를 덧붙일 수밖에 없다는 게 유감이지만, 요네하라 마리의 영전에 아주 때

늦은 꽃 한 송이를 바치는 마음으로 이 후기를 대신한다.

2010년 10월

김석중